AF537535

Michael Geissler

Alleen an Weser und Wiehen

Mit 54 Alleenporträts
aus allen Städten und Gemeinden
des Kreises Minden-Lübbecke

Verlag Jörg Mitzkat

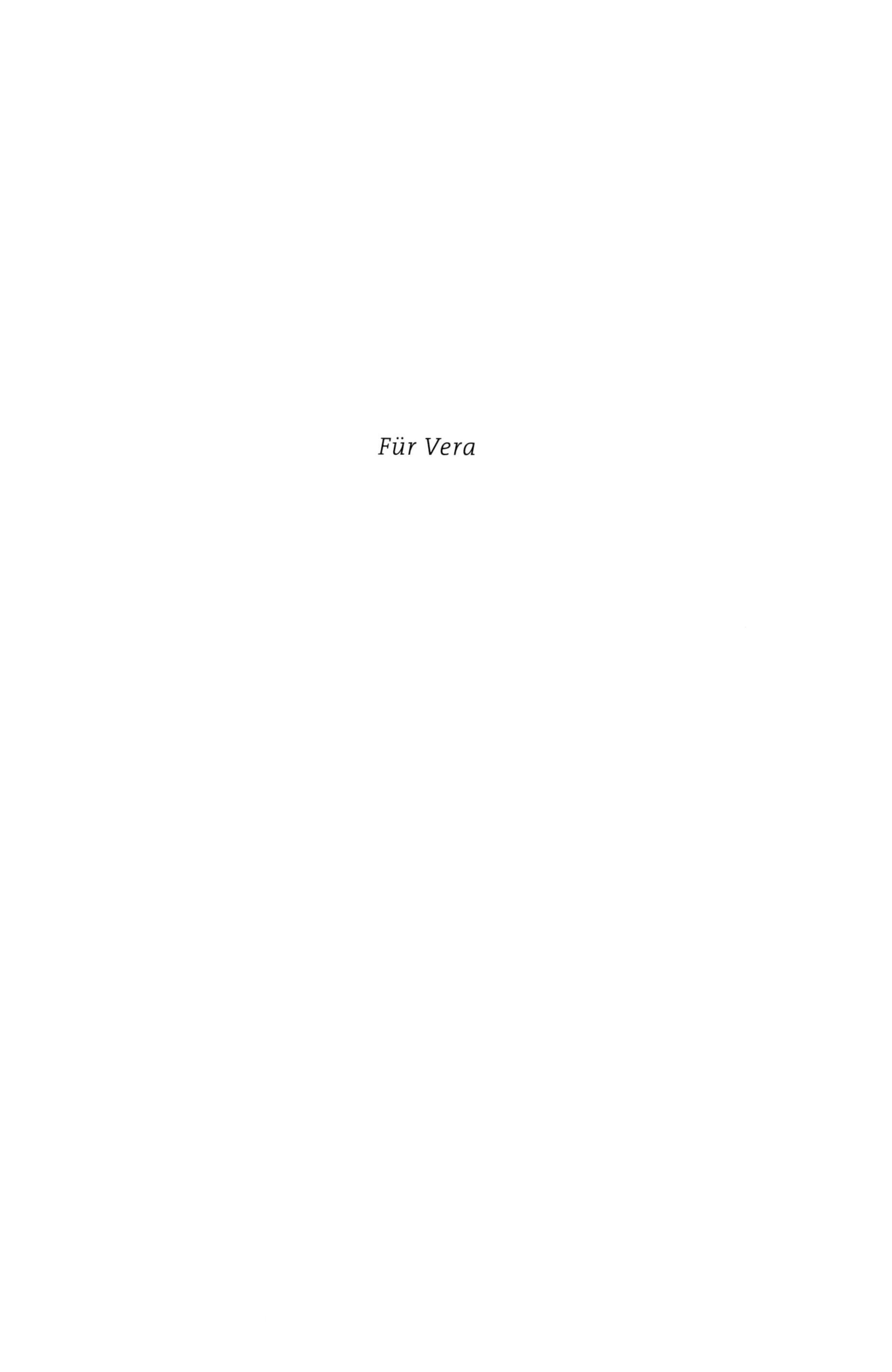

Für Vera

Inhalt

▲ Apings Hofallee in Westrup

Grußwort

Liebe Leserinnen, liebe Leser,

unser Kreis bietet vielfältigen Arten und Lebensstätten Raum. Landesweit bedeutsame Wälder, Moore, Feuchtwiesen, Fließgewässer und Auen gehören zur Naturausstattung. Sie tragen zusammen mit Feldgehölzen, Hecken sowie Bäumen in Gruppen und Einzelstellung auch ganz wesentlich zur Schönheit der Landschaft bei. Von Alleen nahm man bisher nur am Rande Notiz. Das dürfte sich mit diesem Buch ändern.

Michael Geissler, ehemaliger langjähriger Leiter der unteren Naturschutzbehörde des Kreises, hat sich in den letzten Jahren intensiv mit Alleen befasst. Entstanden ist eine Veröffentlichung, die eindrucksvoll die Baumreihen an Straßen und Wegen beleuchtet. Nordrhein-Westfalen ist ein Land der Alleen – das haben die Erfassungen gezeigt. Und auch unser Mühlenkreis hat seinen Anteil daran.

Früher wurden Alleebäume oft nur als Risiko für den Straßenverkehr dargestellt mit der bekannten Folge der reihenweisen Abholzung. Auch heute muss die Aufrechterhaltung der Verkehrssicherheit Maxime unseres Handelns sein. Dabei sind auch Baumfällungen zuweilen nicht zu umgehen. Aber mittlerweile werden Alleenschutz und Verkehrssicherheit nicht mehr als Gegensätze gesehen, sondern als Einheit betrachtet. Für unsere große Aufgabe, die biologische Vielfalt zu fördern, leisten Alleen innerörtlich und in der freien Landschaft einen wertvollen Beitrag. Wenn unvermeidbare Eingriffe erfolgen müssen, können wir mit Ersatz und Neuanlage gegensteuern.

Nach Betrachtungen zur Geschichte der Alleen, ihrer Darstellung in der Kunst, der Vorstellung von Initiativen auf Bundes- und Landesebene leitet der Autor über zu sorgsam ausgesuchten Beispielen aus allen 11 Städten und Gemeinden unseres Kreises. Wer hätte gedacht, dass es bei uns nahezu 200 Alleen gibt?

Für diese in ansprechender Form gestaltete erste Gesamtschau zum Thema Alleen möchte ich dem Autor Michael Geissler herzlich danken. Den Leserinnen und Lesern wünsche ich eine interessante und erkenntnisreiche Lektüre.

Anna Katharina Bölling
Landrätin

Vorwort

Unsere Alleen im Kreis Minden-Lübbecke können sich nicht messen mit den prachtvollen Baumreihen in Brandenburg und Mecklenburg-Vorpommern. Selbst in Nordrhein-Westfalen findet man die spektakulären Alleen anderswo.

Und doch lohnt es sich, bei uns Ausschau zu halten nach dem, was geblieben ist von einstiger Alleenpracht. Rund ein Drittel des Gesamtbestandes habe ich in 54 Alleenporträts aus den 11 Städten und Gemeinden beschrieben und dabei die historische Bedeutung, herausragende Schönheit und Eigenart, ökologischen Wert oder eine dazugehörende bemerkenswerte Geschichte als Auswahlkriterium genommen. Oft trafen mehrere Merkmale zusammen. Obwohl die Auswahl naturgemäß subjektiv ist, hoffe ich, alle interessanten Objekte erfasst zu haben.

Die meisten Alleen sind in einem amtlichen Kataster erfasst, einige konnte ich durch eigene Recherchen hinzufügen; aber es gibt vermutlich Weitere, die noch im Verborgenen geblieben sind.

Mein Ziel ist es, das Natur- und Kulturgut »Allee« bekannter zu machen, für den Erhalt zu werben und Neuanpflanzungen anzuregen.

Als erfreuliche Entdeckung sind die Hofalleen hervorzuheben, von denen es deutlich mehr geben dürfte als bisher bekannt. Sie führen auf Privatgrund meist zu landwirtschaftlichen Anwesen. Nicht nur zahlenmäßig beeindruckt dieser Alleentyp, man spürt auch, dass die baumgesäumten Zufahrtswege durchweg liebevoll betreut werden. In Kapitel 5 stelle ich einige beispielhaft vor.

Viele Menschen interessiert das Alter einer Allee. Bei den Jüngeren ist oft das Pflanzdatum bekannt. Selten findet man Angaben in Ortschroniken oder sonstiger Heimatliteratur. Manchmal führen Gespräche mit Ortsheimatpflegern oder anderen ortskundigen Personen weiter. Selbst kann man nur Schätzwerte ermitteln, denn Irrtümer kommen häufig vor. Ein Indiz für das Alter von Alleebäumen ist der Baumumfang. Hin und wieder habe ich dazu Angaben gemacht. Bei der Messhöhe bin ich vom Standardmaß von 1,30 Meter ausgegangen, der sogenannten »Brusthöhe«.

◀ Naturdenkmal-Allee (Linden) an der K 85 in Rahden (Porträt 47)
Foto: Lothar Meckling

Und noch ein Wort zur Linde. Um es gleich vorwegzunehmen, sie ist mit Abstand der häufigste Alleebaum. Äußerst schwierig ist die Bestimmung der Arten und Sorten, die zuweilen auch in Mischungen vorkommen. Insofern habe ich mich auf den Gattungsnamen »Tilia« beschränkt und nur dann genauere Angaben gemacht, wenn diese aus fachkundigen Quellen stammen. Auch bei den übrigen Alleebäumen muss in der Regel die Arten- und Sortennennung speziellen botanischen Erhebungen vorbehalten bleiben.

Einige der vorgestellten Alleen wird es wohl bald in dieser Form nicht mehr geben, da sie mangelnde Pflege, Sturmereignisse oder Verkehrssicherungspflichten verändern. Insofern lege ich auch eine Dokumentation dessen vor, was zu Anfang des 21. Jahrhunderts Bestand hat.

Michael Geissler, im Mai 2021

Kapitel 1

Alleen – eine Einführung

Dr.-Neuhäußer-Straße in Bad Oeynhausen

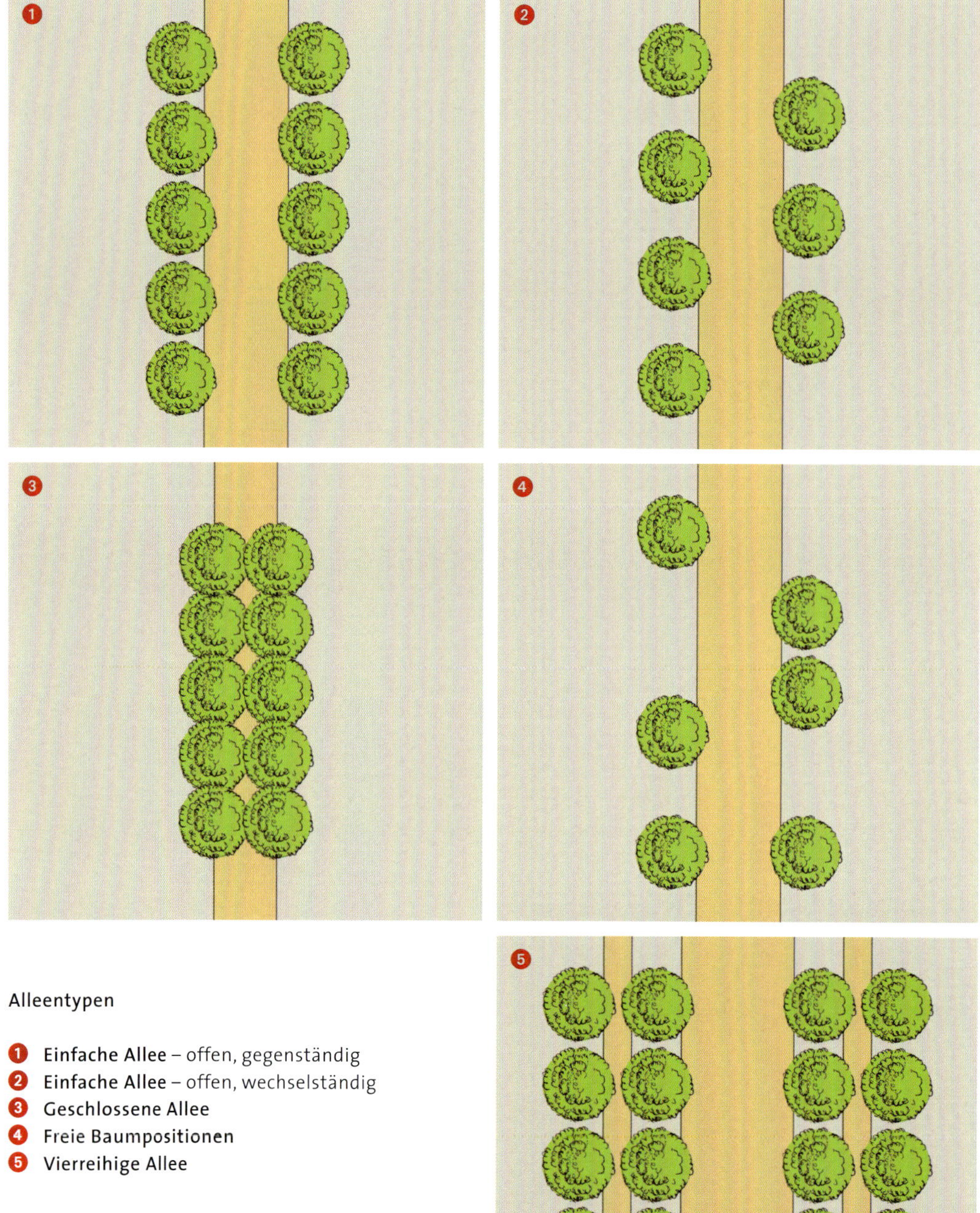

Alleentypen

1. **Einfache Allee** – offen, gegenständig
2. **Einfache Allee** – offen, wechselständig
3. **Geschlossene Allee**
4. **Freie Baumpositionen**
5. **Vierreihige Allee**

Heute bezeichnet der Begriff »Allee« eine auf beiden Seiten von Bäumen gesäumte Straße oder einen solchen Weg. Ihre Geschichte ist eng mit der Gartenkunst verbunden. Hier entstand ein »Instrumentarium«, das man später auch bei der Bepflanzung städtischer Straßen und Plätze benutzte. Sein wichtigstes Element war die Allee.[1] Dem aus dem Französischen stammenden Wort »Allee« (aller = gehen) fehlte ursprünglich der enge Bezug zu Bäumen. »Er bezeichnete allgemein eine Gehbahn, einen gestalteten Gehweg oder Lustgang in einem Garten oder anderswo.«[2]

Nach Ende des 30-jährigen Krieges begann in Deutschland die Pflanzung von Alleen im größeren Stil. Von den Gärten und Parks dehnten sie sich im 18. und 19. Jahrhundert auf die freie Landschaft aus. Der bisher älteste Alleennachweis im Kreis Minden-Lübbecke stammt aus dem Jahr 1738 und ist einer Kartendarstellung der Burg Rahden zu entnehmen (siehe Porträt 43).

Alleen lassen sich in vielerlei Hinsicht unterscheiden. Beginnen wir mit der Anzahl der Baumreihen. Neben dem häufigsten zweireihigen Aufbau (allée simple, einfache Allee) gibt es auch dreireihige und vor allem vierreihige Alleen (allée double, Doppelallee). Die Fürstenallee im Kreis Lippe besteht beispielsweise aus vier Reihen (siehe Kapitel 3). Auch die berühmte Herrenhäuser Allee in Hannover ist eine Doppelallee. Die breite Hauptallee hat einen offenen Charakter, während die Seitenalleen geschlossen sind.

Das führt uns zu einem weiteren Unterscheidungsmerkmal. Mit »offenen« Alleen (»allée decouverte«) sind solche gemeint, in denen die Bäume weiter auseinanderstehen und Licht ins Innere fällt. Die Öffnung zum Himmel ist der erwünschte Effekt. Geschlossene oder bedeckte Alleen (»allée couverte«) sind schmaler, die Baumkronen verbinden sich und bilden ein schattiges Dach. Auch die Anordnung der Bäume variiert. Es gibt Alleen, in denen sich Bäume rechts und links gegenüberstehen (»gegenständig«) oder versetzt (»wechselständig») stehen. Vielfach unterliegen die Bäume gar keiner Ordnung, sie sind frei positioniert.

Je nach der örtlichen Lage unterscheidet man zwischen Straßenalleen, Gutsalleen, Parkalleen, Friedhofsalleen, Hofalleen, Obstbaumalleen und Sonderformen, wie zum Beispiel im Porträt 44 beschrieben.

Schließlich ist noch die Gehölzartenwahl ein wichtiges Unterscheidungsmerkmal. Viele Alleen sind aus einer Baumart aufgebaut (Lindenalleen, Eichenalleen, Platanenalleen usw.). Oft sind zwei oder auch mehr Baumarten vertreten, die dann eine Mischallee bilden.

Standen anfangs gestalterische Gründe im Vordergrund, so kamen später praktische Erwägungen für die Anlage von Alleen hinzu. Kutschen und Reiter sollten im 18. und 19. Jahrhundert vor den Gefahren des Straßenverkehrs bewahrt werden. Die Bäume gaben Wind-, Sonnen- und Schneeschutz und sie zeichneten den Verlauf der Wege vor. Auch Nutzungsaspekte im Hinblick auf Holz- und Obsternte kamen hinzu.

Welche Bedeutung haben nun Alleen heutzutage? Obwohl man es bei der künstlich vom Menschen geschaffenen, meist nur aus ein bis zwei Arten bestehenden und

▲ **Steinkauz an einer natürlichen Bruthöhle**
Foto: Karin Bohrer

oft schnurgerade verlaufenden Allee auf den ersten Blick gar nicht vermutet, ist die Naturschutzbedeutung immens. Der landschaftsästhetische Wert fällt zuerst ins Auge. Alleen ziehen sich wie grüne Adern durch die Landschaft und tragen maßgebend zu ihrer Schönheit bei. Zunehmend bedeutsamer wird der Artenschutz. Alleebäume gerade im höheren Alter sind Lebensraum für unterschiedliche Tiergruppen. Zahlreiche Fledermaus-, Insekten- und Vogelarten profitieren von Baumhöhlen sowie Rissen und Spalten. Gerade in ausgeräumten Landschaften helfen Alleen, ansonsten isolierte Lebensräume zu verbinden. Die linienförmige Anordnung nutzen Fledermäuse als Orientierungslinien beim Flug vom Quartier zum Jagdgebiet. Auf Insekten üben insbesondere alte Eichen- und Lindenalleen eine große Anziehungskraft aus. Die streng geschützte Hornisse beispielsweise nutzt gern Baumhöhlen für ihr Nest. Gerade auch blühende Bäume ziehen viele Insekten an. So sind Linden bei Bienen besonders beliebt, da ihre Blütezeit im Juni und Juli recht spät liegt, wenn viele andere Futterpflanzen bereits verblüht sind. Holzbewohnende Käfer sind eine sehr artenreiche und zugleich gut untersuchte Tiergruppe. Für sie ist besonders der Kronenbereich alter Bäume interessant. Als wohl bekannteste Art gilt der Eremit, auch Juchtenkäfer genannt. Er bevorzugt alte Eichen, Buchen und Linden mit möglichst großen langlebigen Höhlen. Vögel nutzen Alleebäume gern als Schlafplätze und zur Brut oder Nahrungssuche. Häufige Gäste sind Spechte, Sing- und Greifvögel sowie Eulen. Der seltene Steinkauz

▼ **Auch der Feldsperling freut sich als Höhlenbrüter über alte Alleen.**

▼ **Aus der Insektenwelt wählen beispielsweise Hornissen gern Baumhöhlen zum Nestbau.**
Fotos: Lothar Meckling

beispielsweise hat für Nordrhein-Westfalen eine ganz besondere Bedeutung, da hier deutschlandweit ein Verbreitungsschwerpunkt liegt. Auch im Kreis Minden-Lübbecke ist er wieder mit größeren Paarzahlen vertreten. Alte Obstbaumalleen und vor allem Streuobstwiesen sind sein Hauptlebensraum.

Neuere Umweltaspekte, die für Bäume allgemein gelten, rücken auch bei Alleen immer mehr in den Vordergrund. Bindung klimaschädlichen Kohlendioxids, Freisetzung von Sauerstoff, Schadstofffilterung und Befeuchtung der Luft durch Aufnahme und Verdunstung von Wasser sind die am meisten genannten positiven Wirkungen.

Das Kulturgut »Allee« gehört auch zum Aufgabengebiet der Denkmalpflege. Ein richtungsweisendes Modellprojekt in Schleswig-Holstein mit dem Titel »Historische Alleen in Schleswig-Holstein – geschützte Biotope und grüne Kulturdenkmale« mit bundesweiter Ausstrahlung wurde beispielsweise vom Landesamt für Denkmalpflege initiiert. Das nordrhein-westfälische Denkmalschutzgesetz schreibt vor, dass Garten-, Friedhofs- und Parkanlagen sowie andere von Menschen gestaltete Landschaftsteile, wenn sie die Voraussetzungen des Denkmalbegriffs erfüllen, als Denkmale zu behandeln sind.[3] Im Kreis Minden-Lübbecke gehören mehrere in Kapitel 5 porträtierte Alleen wie zum Beispiel auf den Friedhöfen in Minden und Lübbecke oder eine Obstbaumallee in Minden-Meißen mit altem Basalt-Kopfsteinpflaster dazu. Vermutlich erfüllt auch die historische Lindenallee in Schlüsselburg die Voraussetzungen für ein Kulturdenkmal. Aber dies ist eine komplizierte Geschichte, die ich im Porträt 30 erzähle.

Ein problembeladenes Thema ist die Verkehrssicherheit, die bei allen Alleen stets zu beachten ist. Verkehrsaufklärung, Geschwindigkeitsbegrenzungen und Fahrzeug-Rückhaltesysteme sind wichtige Beiträge, um Unfälle zu vermeiden. Es ist eine schwierige, aber lösbare Aufgabe, den Schutz vorhandener Alleen einschließlich gebotener Nach- und Neupflanzungen mit den Erfordernissen der Verkehrssicherungspflicht in Übereinstimmung zu bringen. ●

▲ An manchen Alleen warnen Gefahrenzeichen vor unzureichendem Lichtraumprofil, wie an der Sielstraße in Bad Oeynhausen gesehen.

Kapitel 2

Alleen in der Kunst

▲ Wildbirnenallee nördlich von Hävern

In der Landschaftsmalerei gehören Alleen zwar nicht zu den bevorzugten Motiven, allerdings überrascht es doch, wie viele Künstler sie als Motiv verwendet haben. Dadurch haben wir, abgesehen vom künstlerischen Wert, auch Zeugnisse darüber, wie Alleen in früherer Zeit aussahen.

❶ Zwei niederländische Landschaftsmaler aus dem 17. Jahrhundert sollen dies beispielhaft zu Beginn verdeutlichen. Aelbert Cuyp (1620 – 1691) schuf mit seinem Bild »Die Allee von Meerdevoort« eine imposante Straßenszene mit zwei Baumreihen, die zwar recht hoch aufgeastet sind, jedoch noch stattliche Baumkronen besitzen. Das auf der Straße neben den Fußgängern ruhende Vieh hat sicherlich zu dem hohen Baumkronenansatz mit beigetragen.[1]

❷ Noch sehr viel stärker aufgeastet ist die ebenso den Bildmittelpunkt einnehmende »Allee von Middelharnis«. Meindert Hobbema (1638 – 1709) hat dieses als Meisterwerk deklarierte Bild 1689 gemalt. Hier sind von den Alleebäumen nur noch die Kronenspitzen übrig geblieben. Die Äste wurden immer wieder abgeschlagen und als Viehfutter oder die dickeren Äste als Brennmaterial genutzt. Hobbemas Landschaftsporträt gilt in der Kunstgeschichte als eine der bedeutungsvollsten Landschaftsdarstellungen.

❸ Ein wohl weniger bekanntes Bild der russischen Malerin Maria Baschkirtseva (1860 – 1884) heißt »Herbstliche Allee«. Es entstand 1883 und zeigt einen zweigeteilten Straßenverlauf. Ob es sich bei dem mit Bäumen gesäumten schmaleren Teil um einen schattenspendenden Sommerweg handelt, lässt sich nur vermuten.

❹ Von Vincent van Gogh (1853 – 1890) sind zahlreiche Alleenbilder bekannt. Oft wählte er die schlanken, hochaufwachsenden Säulenpappeln als Motiv. Seine »Pappelallee im Herbst« von 1884 ist noch in dunkleren, erdigen Farbtönen angelegt. Es unterscheidet sich deutlich von den späteren in der Provence entstandenen Alleenbildern. Die »Allee bei Arles« (1888) ist ein Beispiel für die in dieser Schaffensphase entstandenen Bilder voller Intensität und Leuchtkraft.

Auch in Westfalen geborene Künstler haben Alleen im Repertoire.

❺ August Macke (1887 – 1914) malte kurz vor seinem frühen Tod das Bild »Reiter und Spaziergänger in der Allee«. Darin bildet eine Allee den Rahmen für flanierende Menschen und Freizeitreiter in einem rauschenden Farbenmeer.

❻ Peter August Böckstiegel (1889 – 1951) gilt als einer der wichtigsten Vertreter der Moderne in Westfalen. Ein Aquarell mit dem Titel »Weidenallee« aus Privatbesitz wurde erstmals 2020 in der Ausstellung »Dunkle Jahre, voller Farben – Der Künstler Peter August Böckstiegel 1933 – 1945« im Museum Böckstiegel in Werther gezeigt. Aus seiner frühen Schaffensphase, als sich Böckstiegel stark an der Malerei van Goghs orientierte, stammt das Bild »Lindenallee«. Knorrige, gekappte Lindenbäume säumen einen Sandweg. Die kräftigen warmen Farben könnten auf eine Abendstimmung im Herbst hindeuten.

❶ **Die Allee von Meerdevoort**
Aelbert Cuyp · 1620 – 1691
(The Wallace Collection. Bridgeman Images, Berlin)

2 Allee von Middelharnis
1689
Meindert Hobbema · 1638 – 1709
(dpa Picture-Alliance)

3 **Herbstliche Allee**
1883
Maria Baschkirtseva · 1860 – 1884
(© Artothek)

4 **Allee bei Arles**
1888
Vincent van Gogh · 1853 – 1890
(Pommersches Landesmuseum Greifswald)

5 **Reiter und Spaziergänger in der Allee**
August Macke · 1887 – 1914
(© Alexander Koch | Artothek)

6 **Weidenallee**
Peter August Böckstiegel · 1889 – 1951
(Ingo Bustorf, VG Bild-Kunst 2020/21)

Die Auswahl interessanter Alleenmotive ließe sich beliebig erweitern.[2] Doch wenden wir uns nun weiteren Kunstformen zu.

Literarische Reiseberichte lassen uns teilhaben an Aussehen und Lage damaliger Alleen. In der »Schweizerreise« von 1797 beschreibt Johann Wolfgang von Goethe (1749–1832) Württembergs Obstbaumalleen sowie mehrreihige Schloss- und Zugangsalleen.[3] Theodor Fontane (1819–1898) hat auf seinen »Wanderungen durch die Mark Brandenburg« zuweilen auch die Alleen im Blick. Er erzählt von Schlössern, Klöstern, Dörfern und der Landschaft und beschreibt, in seinen Worten ausgedrückt, immer mal wieder die »grünen Haine des Reisens«.

Im Aufsatz »Alleen literarisch – vom Barock bis zur Moderne« zitiert Hubertus Fischer aus einem Brief der 22-jährigen Annette von Droste-Hülshoff (1797–1848) an ihren Mentor und Freund Anton Mathias Sprickmann. Darin heißt es: »… wie ich noch ganz klein war, ich war gewiß erst 4 oder 5 Jahr, denn ich hatte einen Traum, worin ich 7 Jahr zu seyn meinte, und mir wie eine große Person vorkam, da kam es mir vor als gieng ich mit meinen Eltern, Geschwistern und zwey Bekannten spatzieren, in einem Garten, der gar nicht schön war, sondern nur ein Gemüsgarten mit einer graden Allee mitten durch in der wir immer hinauf giengen, nachher wurde es wie ein Wald, aber die Allee, mitten durch, blieb, und wir giengen immer voran, das war der ganze Traum, und doch war ich den ganzen folgenden Tag hindurch, traurig, und weinte, daß ich nicht in der Allee war, und auch nie hinein kommen konnte …«[4] Fischer liefert auch eine Deutung zur geträumten Allee: »Eindrücklicher kann das Gefühl der Fremdheit unter Vertrauten, des mangelnden Zugangs zu ihnen und des Ausgeschlossenseins von jeder gemeinsamen Zukunft kaum erfahren werden als in diesem Gegensatz von Tag und Traum. Es ist die Allee als ambiges Gebilde, das diese Erfahrung sinnlich fassbar macht: Einerseits stiftet sie Gemeinsamkeit und bietet Schutz nach beiden Seiten, lenkt sie den Blick und beflügelt den Schritt in die offene Zukunft hinein; andererseits, nämlich von außen betrachtet, trennt sie, schließt aus, wirkt undurchdringlich und lässt das Kind einsam und traurig zurück.«[5]

Die Jugendjahre der Annette von Droste-Hülshoff sind auch der Stoff des 2018 erschienenen Romans »Fräulein Nettes kurzer Sommer« der Schriftstellerin Karen Duve. Ihre drastischen Reisebeschreibungen über die beschwerliche Fahrt von der Burg Hülshoff ins Ostwestfälische zu verschiedenen Schauplätzen sind zwar nur Randgeschichten, passen aber aufgrund der vielfach erwähnten Alleen gut in unser Thema. In Bad Driburg beispielsweise weilt Annette mit ihrer Großmutter zur Kur. Bereits früh am Morgen beginnt die Trinkkur. Zum folgenden Spaziergang heißt es: »Dabei verschaffte man sich Auslauf in den beiden Alleen. Die südliche, die zur Emder Höhe und nach Brakel führte, war mit lombardischen Pappeln bepflanzt, um den Ansprüchen der von italienischen Reiseeindrücken verwöhnten Gäste zu genügen. Die vierreihige Lindenallee führte zum langweiligen Driburg, weswegen man auf ihr höchstens bis zum Gasthof Kothe schlenderte.«[6] Auf der Anreise nach Driburg fuhren sie anfangs durch eine »bildhübsche Allee«[7], die den Postweg von Brakel kommend säumte.

Bei Joseph Beuys (1921–1986) sind Skulpturenalleen Teil eines gigantischen Gesamtkunstwerkes. Anlässlich der documenta 7 pflanzte er am 16. März 1982 in Kassel vor dem Portal des Fridericianums die erste seiner »7000 Eichen«. Fünf Jahre später, auf der folgenden documenta konnte sein Sohn Wenzel das Projekt mit der Pflanzung des 7000. Baumes abschließen. Joseph Beuys hat die Vollendung selbst nicht mehr erlebt. Er starb ein Jahr zuvor.

Im Vorwort zur Veröffentlichung »30 Jahre Joseph Beuys 7000 Eichen« heißt es: »›Stadtverwaldung statt Stadtverwaltung‹ hatte Beuys sein Kunstwerk untertitelt, und dieser Aufruf hat viele Menschen in Kassel mobilisiert, ihren Teil zur Verwirklichung des Kunstwerkes beizutragen. Zudem sorgte die Arbeit von Beginn an für kontroverse Diskussionen. Heute, 30 Jahre nach der ersten Pflanzung, sind manche Kasseler Straßen zu Alleen geworden, das Stadtbild hat sich gewandelt. Inzwischen gehören die ›7000 Eichen‹ zu den größten und bedeutendsten Außenskulpturen der Welt und viele Künstler des In- und Auslandes haben sich davon inspirieren lassen.«[8] Erkennbar sind die Bäume, die zum Kunstwerk gehören, durch eine danebenstehende Basaltstele. Sie werden dadurch zu etwas Besonderem und unterscheiden sich von den übrigen Stadtbäumen. Anfangs hat Beuys die 7000 Basaltsteine auf dem Friedrichsplatz in Keilform aufhäufen lassen. Ein Riesenberg an Steinen entstand, der bei der Kasseler Bürgerschaft viel Kritik hervorrief. Doch nach und nach verließen mit jeder neuen Baumpflanzung die Steine ihr Domizil. Mit Vollendung der Aktion ist dieser Teil des Kunstwerkes verschwunden und lebt nun weiter an den zahlreichen Baumstandorten. Sie unterliegen seit 2005 in ihrer Gesamtheit auch dem Denkmalschutz. Baum und Basaltstele sind gemeinsam Teil eines Gartendenkmals, das sich über das gesamte Kasseler Stadtgebiet – auch in Form von Alleen – erstreckt. Obwohl die Eiche namengebende Pflanze ist, gehören auch andere Gehölze wie Linde, Esche, Platane und beispielsweise in der Allee der Bodelschwinghstraße Robinien zum Projekt. Hans-Jürgen Taurit (1930–2011), damals zuständiger Gartenamtsleiter in Kassel, schrieb anerkennend: »Die Stadt hat sich verändert. Das optische Bild der Stadt hat sich um den Reichtum von 7000 Bäumen verändert und verbessert.«[9]

◀ **»Beuys-Bäume« – hier sind es Eschen – entlang der Ochsenallee nah am Schlosspark Wilhelmshöhe**
Foto: Umwelt- und Gartenamt der Stadt Kassel, Februar 2019

▶ **Diese Basaltstele vor einer Robinie in der Bodelschwinghstraße gehört zu einer Alleenskulptur aus den Anfangsjahren, die Joseph Beuys persönlich in Augenschein nahm.**

▲ **Sondermarke »Winterstimmung«**
(Entwurf: Prof. Johannes Graf)

Auch künstlerisch gestaltete Briefmarken enthalten zuweilen Alleenmotive. Die deutsche Post gab am 4.11.2004 eine Sondermarke mit einer »winterlichen Eichenallee« als Motiv heraus.

Enden soll der Abstecher in die Kunst mit Versen von Rainer Maria Rilke (1875–1926) aus seinem Gedicht »Herbsttag«:

[...]
Wer jetzt kein Haus hat, baut sich keines mehr.
Wer jetzt allein ist, wird es lange bleiben,
wird wachen, lesen, lange Briefe schreiben
und wird in den Alleen hin und her
unruhig wandern, wenn die Blätter treiben.

Kapitel 3

Alleeninitiativen auf Bundesebene und in Nordrhein-Westfalen

▲ Beginn der Deutschen Alleenstraße in Sellin auf Rügen

»Deutsche Alleen – durch nichts zu ersetzen« – so lautete der Titel einer 2002 gestarteten Kampagne des Bundesministeriums für Umwelt, Naturschutz und Reaktorsicherheit (BMU), die über mehrere Jahre mit humorvollen Werbemotiven auf Flyern, Plakaten, Postkarten und in Filmspots die breite Öffentlichkeit für die Schönheit der Alleen sensibilisieren sollte.

Bereits 10 Jahre vorher begann die Erfolgsgeschichte »Deutsche Alleenstraße«. Der ADAC, die Schutzgemeinschaft Deutscher Wald, das Kuratorium Alte Liebenswerte Bäume und der Deutsche Fremdenverkehrsverband gründeten die »Arbeitsgemeinschaft Deutsche Alleenstraße«. Im Mai 1993 konnte das erste, 264 Kilometer lange Teilstück von Sellin auf Rügen nach Rheinsberg (Brandenburg) eingeweiht werden. Kurz hinter dem Ortsausgang von Sellin folgt mit dem von der B196 abzweigenden Weg zum Jagdschloss Granitz gleich der erste Paukenschlag. Die über einen Kilometer lange Kastanienallee in Lancken-Granitz ist ein echtes Juwel. Mit ihren dicht beieinanderstehenden alten Bäumen und dem historischen Kopfsteinpflaster hat sie es als Bildmotiv auf die großen Baum- und Alleenkalender geschafft. Die einzigartige Alleendichte Rügens ist vor allem im südöstlichen Teil der Insel erlebbar. Auf der Straße von Putbus nach Garz kommt man gar nicht mehr aus dem Staunen heraus. Aber auch der weitere Verlauf durch Mecklenburg-Vorpommern und Brandenburg ist beeindruckend. In den Folgejahren konnten sechs weitere Teilabschnitte der »Deutschen Alleenstraße« eingeweiht werden, bis im Mai 2000 der Bodensee und die Insel Reichenau als Zielort erreicht war. Die zur Insel hinüberführende Pappelallee ist ein letztes großes Alleenerlebnis, bevor die ganz Deutschland von Nord nach Süd durchziehende Ferienstraße endet.

Doch es fehlte Nordrhein-Westfalen. Glücklicherweise hat sich die Landesgemeinschaft Naturschutz und Umwelt (LNU) Anfang der 2000er-Jahre ganz intensiv dem Thema »Alleen« gewidmet. Als Dachverband mit zahlreichen Mitgliedsvereinen sowohl aus dem Naturschutz als auch der Heimatpflege war die LNU bestens dafür geeignet, ehrenamtlich eine Erfassung der Alleen in Gang zu setzen. Parallel zur Datenerhebung wurde auch Öffentlichkeitsarbeit in Form einer Präsentationsreihe »Allee des Monats« betrieben. Das starke Engagement blieb nicht ohne Wirkung. 2005 wurde ein rechtlicher Schutz von Alleen gesetzlich festgeschrieben. Damit nicht genug: NRW sollte auch Teil der »Deutschen Alleenstraße« werden. Auch diese Initiative hat die LNU vorangetrieben. Im Mai 2009 war es soweit, eine neue Route durch NRW konnte in Siegburg eingeweiht werden. Sie führt durch insgesamt zwölf Kreise und kreisfreie Städte. Vom Kreis Höxter bis Dortmund verläuft sie in Ost-West-Richtung und schwenkt dann bis zu ihrem nordrhein-westfälischen Abschluss im Rhein-Sieg-Kreis nach Süden um.[1]

◀ **Erster Höhepunkt an der Deutschen Alleenstraße ist die weithin bekannte Kastanienallee, die in Lancken-Granitz von der B196 zum Jagdschloss Granitz abzweigt.**

Bekanntester Bestandteil ist vermutlich die Fürstenallee im Kreis Lippe. Auf etwa 2,5 Kilometern Länge säumt sie die historische Straße zwischen der lippischen Residenzstadt Detmold und dem Bischofssitz Paderborn. Die Ursprünge reichen bis zum Beginn des 18. Jahrhunderts zurück. Graf Simon Heinrich Adolf zur Lippe ließ eine repräsentative vierreihige Eichenallee anlegen, die später infolge von Baumverlusten auch mit Rotbuchen angereichert wurde. Aufgrund des hohen Alters und zahlreicher Abgänge haben die Verantwortlichen ein umfassendes Sanierungskonzept erstellt, das über mehrere Jahre verteilt Neuanpflanzungen im historischen Abstandsmaß von 7,50 Meter vorsieht. Die Fürstenallee ist ein spektakuläres Beispiel einer uralten Allee, die nach und nach neu aufgebaut wird.

Das große Engagement des Kreises Lippe zeigt sich im Übrigen auch in der Ausweisung einer eigenen Alleenstraße. Bereits an den Einfallstraßen ins Kreisgebiet weisen aufgeständerte Tafeln mit dem Themenlogo »Lippische Alleen« auf die Aktion hin.

▲ **Die Deutsche Alleenstraße in NRW**
Foto: Josef Peters

Mit einer »100-Alleen-Initiative« hat das Land Nordrhein-Westfalen zwischen 2006 und 2010 ein weiteres richtungsweisendes Programm aufgelegt. Die stetige Abnahme von Alleen sollte gestoppt und ins Gegenteil verkehrt werden. Auf Initiative von Ministerpräsident Jürgen Rüttgers übernahm das Umweltministerium die Federführung, um das Ziel zu erreichen, Nordrhein-Westfalen als neues »Land der Alleen« zu positionieren. Eine der Projektalleen befindet sich auch im Kreis Minden-Lübbecke (siehe Porträt 29). Solch eine Erfolgsgeschichte lässt sich aber nur fortschreiben, wenn es auch eine verlässliche Datengrundlage gibt. Hierfür zeichnet das Landesamt für Natur, Umwelt und Verbraucherschutz verantwortlich. Dort wird ein amtliches Kataster geführt und fortlaufend aktualisiert. Es enthält alle Alleen über 100 Meter Länge und kann von jedermann im Internet eingesehen werden. Weitere Meldungen bisher noch nicht aufgenommener Alleen sind übrigens sehr erwünscht.

▼ **Fürstenallee im Kreis Lippe** · Foto: Jörg Westphal

▲ **Die Radfernfahrt 2018 des BUND-MV endete auf der Insel Reichenau im Bodensee, die auch Endpunkt der Deutschen Alleenstraße ist.**
Das Bild zeigt die Gruppe in der zur Insel führenden Pappelallee.
Foto: Thomas Baumgarten

Vielleicht wird die deutsche Alleenstraße eines Tages durch einen Arm, der an der niedersächsischen Nordseeküste beginnt, erweitert. Dafür wirbt eine 2300 Kilometer lange »Radfernfahrt Deutsche Alleenstraße«, die vom Bund für Umwelt- und Naturschutz Deutschland (BUND) Landesverband Mecklenburg Vorpommern[2] organisiert wird. Das erste Teilstück von Varel-Dangast über Oldenburg, Vechta, Diepholz, Minden und Bad Pyrmont nach Höxter soll der Öffentlichkeit den Vorschlag näher bringen. Die Radtour geht dann weiter auf der beliebtesten deutschen Ferienstraße in einer großen Schleife nach Rügen und verbindet somit symbolisch Nord- und Ostseeküste. Eine interessante Initiative, die auch für unsere Region neue Perspektiven eröffnet.

Schauen wir uns nun an, wie die Geschichte der Alleen im Kreis Minden-Lübbecke begann und welche Objekte heute an Weser und Wiehen besonders sehenswert sind. ●

Kapitel 4

Vom preußischen Chausseebau bis zu den Kreisstraßen der Gegenwart

▲ Grabstätte von Carl und Melanie von Schlotheim am Nordhang des Wiehengebirges

Ausgebaute öffentliche Wege nannte man früher Chausseen. Da sie – wie es damals hieß – kunstmäßig angelegt wurden, war auch der Begriff »Kunststraße« geläufig. Als Merkmale einer Chaussee galten ein erhöhter Damm, eine meist mit Stein oder Kies, aber auch mit Sand oder Sand-Lehm-Gemisch belegte Fahrbahn, die von Entwässerungsgräben und Bäumen gesäumt wird.[1] Beidseitige Baumpflanzungen gehörten also grundsätzlich zur Straßenanlage hinzu. Teil der Straße war auch ein Sommerweg, der neben der Steinbahn verlief und aus sandigem Material bestand. Bei gutem Wetter wurde er gern genutzt. So schonte man die Hufe der Pferde und das holprige Fahrgefühl entfiel. Weitere Bestandteile von Chausseen waren Meilensteine, um Postkutschen und Reisenden Entfernungen anzuzeigen. Auch Chausseehäuser mit Schlagbäumen, um dort das fällige Chausseegeld einzunehmen, gehörten zur Ausstattung. Sogar der berühmte deutsche Baumeister Carl Friedrich Schinkel (1781–1841) erstellte Entwürfe für Meilensteine an Staatsstraßen.

◀ Einer der letzten Meilensteine in der Region, der auch als Denkmal geschützt ist, steht in Bielefeld-Ummeln an der B 61 und weist eine Entfernung nach Minden von 7 Meilen aus.

Die Geschichte der Alleen im Mühlenkreis ist eng verknüpft mit Preußen. Freiherr vom Stein, der von 1796 bis 1802 Präsident der Mindener Kriegs- und Domänenkammer war, veranlasste Ende des 18. Jahrhunderts neben anderen westfälischen Straßenbauprojekten auch den Bau von zwei Chausseen im Mindener Raum. Dabei handelte es sich um die Planung der Mindener Chaussee, die von Minden über Neusalzwerk (heute: Bad Oeynhausen) und Herford nach Bielefeld führt, sowie die preußische Staatsstraße Minden – Lübbecke – Preußisch Oldendorf mit Ziel Osnabrück. Für beide Straßen, die später zur B 61 bzw. B 65 wurden, gibt es Hinweise zur damaligen Bauplanung, den Kosten, beteiligten Personen und auch der Alleebepflanzung.

Die Chaussee von der schaumburg-lippischen Landesgrenze an der Klus über Minden, Rehme und Herford nach Bielefeld war das erste große preußische Straßenbauprojekt in der Region. Oberwegeinspektor Friedrich Peter Steinmeister, ein enger Mitarbeiter des Freiherrn vom Stein, entwarf die Mindener Chaussee, wie es hieß, »schnell und ohne zeitraubende Alternativen«. Mit seiner Hilfe setzte Stein eine Streckenführung entlang der Weser auf der alten, durch Überschwemmungen gefährdeten Poststraße durch«.[2] In den Jahren 1798 bis 1802 konnte der Chausseebau realisiert werden. Zur Bepflanzung nahm man lombardische Pappeln, die teilweise aus einer eigens dafür eingerichteten Plantage in der Holzhauser Mark stammten.[3] Der Name »lombardische Pappel« bezieht sich auf ihre Herkunft. Sie wurde bereits in der ersten Hälfte des 18. Jahrhunderts in der Lombardei beobachtet und von dort nach Frankreich gebracht. Auch in Preußen fand man Gefallen an dem schnell wachsenden Gehölz mit seiner markanten Erscheinung. Besonders König Wilhelm II. soll diesen Baum geliebt und seine Verbreitung gefördert haben.[4] Heute ist die Bezeichnung Pyramiden- oder Säulenpappel geläufig, der botanische Name lautet Populus nigra ›Italica‹. Die Mindener Chaussee mit ihren lombardischen Pappeln lässt sich im Bereich des Wittekindsberges auch bildlich dokumentieren. Allerdings war weniger die Allee das begehrte Motiv als vielmehr die Porta Westfalica. Sie wurde im 19. Jahrhundert von zahlreichen Künstlern gezeichnet und galt als das beliebteste Landschaftsmotiv Westfalens. Zwei im Folgenden wiedergegebene Bildzeugnisse haben im Hintergrund den Verlauf der Pappelallee eindrucksvoll in ihren Bildaufbau einbezogen. Es begann mit Anton Wilhelm Strack (1758 – 1829), Hofmaler und Professor in Bückeburg. Zwischen 1786 und 1826 fertigte Strack sechs Grafiken der Porta Westfalica an, die er mit großem Erfolg absetzen konnte. In seiner Bilddarstellung von 1826 kommt deutlich die Pappelallee am Fuße des Wittekindsberges zur Geltung. Es ist die einzige Zeichnung, die den Alleenverlauf auch in Richtung Rehme schemenhaft sichtbar macht.

Der Landschaftsmaler Ferdinand von Laer hat um 1840 eine weitere herausragende Bildkomposition geschaffen. Sie schmückt auch den Buchdeckel der Dokumentationsreihe »Westfalica Picta« Band VII. Erneut fallen die hoch aufragenden Pappeln ins Auge, die auf der linken Bildseite vom Fuße des Wittekindsberges den Weg Richtung Minden weisen.

▲ **Ansichten der Porta Westfalica**
Anton Wilhelm Strack, 1826 – oben
Ferdinand von Laer, um 1850, Ausschnitt – unten
(© Mindener Museum)

Begonnen hat das Straßenbauprojekt 1798 an der schaumburg-lippischen Landesgrenze, der sogenannten Klus. Richtung Minden wählte man als Alleebäume auch hier lombardische Pappeln, von denen 1200 Pflanzen vom Gärtner Grote aus Bückeburg bezogen wurden.[5]

Direkt an der Klus ist auf eine weitere historische Allee hinzuweisen, die auch heute noch in Resten besteht. Die schaumburg-lippische Fürstin Juliane (1761–1799) hatte an der Chaussee nach Minden ein herrschaftliches Gästehaus bauen lassen, das den Ansprüchen der Bückeburger Hofgesellschaft und der oberen Mindener Gesellschaft genügen sollte.[6] Gegenüber der Chaussee ließ sie einen Lustgarten anlegen, dessen Erschließung durch eine Hauptallee erfolgte. Auf einem 1806 erstellten Situationsriss von Teilen der Gartenanlage sind neben der zentralen Achse weitere Alleen dargestellt. Als Alleebäume wählte man Pappeln, Nussbäume, Lärchen und Robinien, die 1798 vom leitenden Gärtner Metz zu Bückeburg gesetzt wurden.[7] Inzwischen ist von der gesamten Gartenanlage nichts mehr zu erkennen und auch die Reste der Hauptallee werden bald inmitten des Waldes untergehen.

▲ **Blick auf die Reste der Hauptallee mit dem Restaurant »Große Klus« im Hintergrund (früher Fürstin Julianes Gästehaus)**

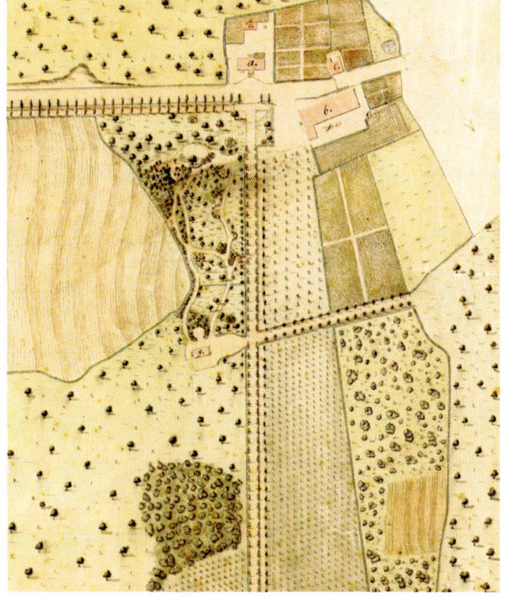

▶ **Grundriss der Klus mit einem Teil der Gartenanlage, 1806, Ausschnitt** (NLA BU S 1 B Nr. 749)

Doch zurück ins preußische Minden. Heute heißt die ehemalige Chaussee zwischen der Innenstadt und Barkhausen Portastraße. Die Hauptverkehrsströme hat inzwischen der parallel verlaufende Weserauentunnel aufgenommen. Längst sind die lombardischen Pappeln und auch Folgepflanzungen verschwunden. Doch es sind zarte neue Alleenansätze erkennbar. Es beginnt mit einer gut 100 Meter langen Allee aus Schwedischen Mehlbeeren. Insgesamt 41 Bäume säumen die Straße an der südlichen Mindener Stadtgrenze. Für einen kurzen Zeitraum im Mai erstrahlt die noch jugendliche Allee in weißer Blütenpracht.

▼ Mehlbeerenallee an der Mindener Portastraße

Zwei Kilometer weiter folgt eine kaum längere Lindenallee. Sie beginnt an der »Malche«, einem Hotelensemble aus dem 19. Jahrhundert, das heute als theologisch-pädagogisches Seminar genutzt wird. Hervorzuheben ist der Malche-Park mit seinen Felsen, Grotten und exotischen Bäumen. Am Abzweig zur Fährstraße endet die Lindenallee bereits wieder. Im weiteren Verlauf ist die frühere Staatsstraße zwar nach ihrem Erbauer, »Freiherr vom Stein-Straße« benannt, eine Allee allerdings folgt erst wieder in Bad Oeynhausen. Immerhin 600 Meter lang ist die noch junge Spitzahornallee an der Dehmer Straße. Kurz danach beginnt die ehemalige Bad Oeynhausener Stadtautobahn. Es gibt nur wenige Straßen im Kreis Minden-Lübbecke, an denen sich noch neue große Alleenprojekte realisieren lassen. Beim geplanten Rückbau der vierspurigen Straße, auf deren Trasse teilweise auch die Mindener Chaussee verlief, besteht vielleicht hierzu die Möglichkeit.

Der staatliche Chausseebau schuf auch die Verbindung zwischen Minden und Preußisch Oldendorf (heute B 65). Begonnen wurden die Bauarbeiten um 1810 zwischen Minden und Haddenhausen. In Anspielung auf die damalige »Franzosenherrschaft« nannte man diesen Teil »Napoleonstraße«. Ende der 1820er-Jahre war die Straße fertiggestellt. Neben der Steinbahn verfügte die Chaussee auch über einen Sommerweg, der allerdings wegen beengter Platzverhältnisse, wie zum Beispiel in Nettelstedt, zuweilen fehlte. Mit Schlagbäumen gesicherte Einnahmestellen für das ab 1829 erhobene Chausseegeld gab es in Haddenhausen, Nettelstedt und Holzhausen. Fritz Klausmeier hat in einem Aufsatz den Ausbau der Chaussee im 19. Jahrhundert ausführlich beschrieben. Allerdings sind die Angaben zur alleemäßigen Bepflanzung spärlich. Immerhin ist nachzulesen, dass die erste Bepflanzung fast ausschließlich mit Obstbäumen und Pappeln erfolgte.

▼ Die kleine Lindenallee an der Portastraße in Barkhausen im Vordergrund hebt sich kaum ab gegenüber der Waldkulisse des Wittekindsberges mit dem Kaiser-Wilhelm-Denkmal.

Unter König Friedrich Wilhelm IV. erging ein Erlass des Ministeriums des königlichen Hauses und des Finanzministeriums an sämtliche königlichen Regierungen vom 26.2.1841, der die große Wertschätzung der Alleen durch den preußischen König in jener Zeit deutlich zum Ausdruck bringt.[8] Darin heißt es:

Des Königs Majestät haben mit Mißfallen wahrgenommen, dass häufig bei der Anlegung neuer Chausseen die alten mit Alleen bepflanzen Wege nicht beibehalten und die Bäume alsdann umgehauen oder sonst weggeschafft worden sind. Damit nicht auf diese Weise die Länder und Wege ihrer Zierde beraubt werden, haben Allerhöchstdieselben befohlen, bei Anlagen von Chausseen oder Eisenbahnen streng darauf zu achten, daß von den alten Straßen nicht wie öfters geschehen, bloß deshalb abgewichen werde, um ganz geringe Biegungen zu vermeiden, dieselben vielmehr nur da, wo sich eine wirkliche Notwendigkeit ergibt, verlassen werden. Wenn ein solcher Fall eintritt, wollen des Königs Majestät insofern der Grund und Boden zu den Domänen oder Staatswaldungen gehört, die vorhandenen alten Alleen jedenfalls erhalten wissen, wobei dann nach den Verhältnissen eines jeden Falles zu beurteilen bleibt, ob die frühere Straße als solche ferner zu unterhalten oder das Terrain unter den Bäumen anderweitig zu benutzen sein wird. Den Privatbesitzern ist indessen in Betracht der Erhaltung der auf ihrem Territorium vorhandenen alten Alleen eine gleiche Verpflichtung nicht aufzuerlegen, wiewohl es seiner Majestät dem König angenehm sein wird zu bemerken, wenn seitens derselben in ähnlicher Art verfahren wird. Indem der königlichen Regierung dies zur Beachtung eröffnet wird, wird ihr zugleich eingeschärft, aufs Strengste darauf zu sehen, daß Lichten und Aushauen prachtvoller Alleen, wie solches seine Majestät hier und da bemerkt habe, künftig durchaus unterbleibe.

Berlin, den 26. Februar 1841
gez. von Ladenberg und Graf von Albensleben

Die Beliebtheit der Säulenpappel als Alleebaum, anfangs wegen ihres schnellen Wuchses und geringen Platzbedarfs sehr geschätzt, schwand in den 1830er-Jahren rapide. Brüchigkeit, große Höhe mit nachteiligem Schattenwurf und weit ausladendes Wurzelwerk führten dazu, dass von einer Anpflanzung abgeraten wurde. 1851 erging sogar eine preußische Verwaltungsvorschrift, die eine Umwandlung der Pappelalleen vorschrieb. Statt Pappeln sollten Eichen, Buchen, Ahorn, Linden und Obstgehölze zum Einsatz kommen.[9]

Deutlich besser als den Pappeln erging es den Obstgehölzen. Seit Mitte des 19. Jahrhunderts erlebte das Straßenobst in Westfalen einen erheblichen Aufschwung. Ganz allgemein hatte der Straßenobstbau in jener Zeit viele Fürsprecher. So schreibt beispielsweise Eduard Petzold (1815 – 1891), einer der bekanntesten Gartenkünstler des 19. Jahrhunderts, 1878 in seinem Buch »Die Anpflanzung und Behandlung von Alleebäumen«: »Die Obstbaumalleen insbesondere, wenngleich sie in ihrem malerischen Werth den meisten anderen Bäumen nachstehen, begünstigen, wo Boden und Lage für das Gedeihen des Obstes geeignet ist, dessen Produktion so ungemein, ohne irgendwelchen Raum dem Feldbau zu entziehen, daß sie wegen ihrer Nützlichkeit immer ihren Platz behaupten werden, und ihre große Verbreitung zeigt auch, wie sehr man ihren Nutzen zu würdigen weiß.«[10]

Für die Todtenhauser Straße (B 61) nördlich von Minden ist belegt, dass die anfänglich um 1850 erfolgte Bepflanzung mit Kastanien und Linden nach Aufstufung von einer Kreisstraße zur Provinzialstraße auf einem Teilstück nahe Walver Acker in den Anfangsjahren des 20. Jahrhunderts in Obstbaumpflanzungen umgewandelt

▶ **Kaum zu glauben! Auf diesem historischen Foto von Wilhelm Seele aus dem Jahr 1935 präsentiert sich die B 61 in Todtenhausen als blühende Obstbaumallee.**

wurde. Aus der Chronik des Dorfes Todtenhausen geht hervor, dass unter dem Straßenwärter Fritz Breier die Straße zu einer vorbildlichen Obstbaumallee gedieh, die besonders zur Obstblüte ein herrliches Bild bot.[11]

Noch bis in die 1950er-Jahre gehörten Obstbäume an Straßen und auf den Wiesen rund um die Dörfer zum gewohnten Landschaftsbild. Danach kam es aber zum drastischen Rückgang. Bedingt durch die 1969 begonnene staatliche Förderung von Obstbaumrodungen sind in Westfalen-Lippe in der kurzen Spanne bis April 1971 37500 Obstbäume gerodet worden.[12]

Heimatvereine und engagierte Einzelpersonen sorgen dafür, dass die früher übliche Vermarktung des Obstes nicht in Vergessenheit gerät. Jürgen Hannemann, ehemaliger Ortsheimatpfleger von Schlüsselburg, hält beispielsweise seit 45 Jahren eine Tradition wach, die früher in vielen Orten zur alljährlichen Gepflogenheit gehörte: die Versteigerung von Obstbäumen entlang der Straßen und Wege. Stattliche 70 Obstbäume sind in Schlüsselburg noch heute im Angebot. Dazu gehört ein als Birnenallee bezeichneter Wirtschaftsweg, der allerdings nur noch schemenhaft an eine ehemals wohl baumreiche Allee erinnert. Ein um 1935 herum gepflanzter Birnbaum mit einem noch sehr guten Ertrag wurde bei der Versteigerung im Jahr 2017 für den Höchstbetrag von 7 Euro vergeben.

Nutzungsaspekten dienten auch die früher weit verbreiteten Maulbeeralleen. Sie sind längst verschwunden und auch nahezu vergessen. Heute erinnert nur noch die Flurbezeichnung Maulbeerkamp und die gleichnamige Straße im Mindener Stadtteil Stemmer an die wirtschaftliche Bedeutung der Maulbeerbäume für die Seidenpro-

◂ Jürgen Hannemann erläutert die Versteigerung vor dem Prachtexemplar der »Birnenallee«.

duktion. König Friedrich II. von Preußen, auch Friedrich der Große genannt, etablierte Mitte des 18. Jahrhunderts den Seidenbau, um von Importen aus China unabhängig zu sein. Die hierfür erforderlichen Maulbeerbäume, deren Blätter den Raupen des Maulbeerseidenspinners als einzig akzeptierte Nahrung dienen, ließ der König im großen Stil in Plantagen, Gärten und an Straßen pflanzen. Sie standen unter besonderer Obhut des Staates. Auch im hiesigen Raum gab es Mitte des 19. Jahrhunderts, deutlich später als im Großraum Berlin und Brandenburg, einige Maulbeeralleen. Beispielsweise wuchsen Hunderte Maulbeeren an der Minden-Rintelner Chaussee. Sie folgten den vorherigen Pappelpflanzungen. Für die Minden-Osnabrücker Straße gibt es ebenso entsprechende Hinweise. Die wohl größte Zahl von 1400 aus Potsdam bezogener hochstämmiger Allee-Maulbeeren wurden an der Chaussee von Petershagen über Gernheim und Ovenstädt bis zur Hannoverschen Grenze gepflanzt.[13] Näheres zur Geschichte der Maulbeeralleen in Westfalen, ihre Verbreitung, Nutzung und auch der baldige Niedergang ist kaum bekannt. Es bietet sich an, diesen Aspekt im Mindener Preußenmuseum im Rahmen der Neukonzeption mit einzubeziehen. Einige Exemplare der Weißen Maulbeere vor dem Portal gepflanzt, könnte die Neugier wecken und zur Anschauung dienen.

Abschließend darf der Hinweis auf die wohl berühmteste noch existierende Maulbeerallee in Zernikow im brandenburgischen Landkreis Oberhavel nicht fehlen. Michael Gabriel Fredersdorff, Kammerdiener und Vertrauter Friedrichs II., pflanzte sie 1751 auf seinem Gut Zernikow, das ihm der König schenkte. In nahezu allen namhaften Bildbänden ist diese Allee enthalten.[14]

EDICT,
daß niemand sich unterstehen soll,
die
Maulbeer = Bäume
zu beschädigen.
De Dato Berlin, den 15 Decembr. 1746.

BERLIN, gedruckt bey dem Königl. Preuß. Hof-Buchdrucker, Christian Albrecht Gäbert.

Edikt Friedrichs des Großen zum Schutz von Maulbeerbäumen in Brandenburg-Preußen, 1746 (GStAPK · XII. HA VI Nr. 345)

Wie ging es nun weiter im heimischen Chausseebau? Nachdem die wichtigsten Staatsstraßen angelegt waren, kam ab Mitte des 19. Jahrhunderts auch der Kreischausseebau in Schwung. Im Kreis Minden ist er vor allem mit dem Namen von Landrat Carl von Schlotheim (1796–1869) verbunden. Er ließ Wege in einer Länge von 135 Kilometern ausbauen und schaffte so die Basis für das heutige Straßennetz im Altkreis Minden.[15] Dabei handelte es sich vorrangig um Zubringerstraßen zur neuen, 1847 eingeweihten Köln-Mindener Eisenbahn. Neben der wirtschaftlichen Erschließung der Region galt der Straßenbau auch als großes Arbeitsbeschaffungsprogramm. Schon zu Lebzeiten

von Schlotheims wurden seine herausragenden Verdienste um den Straßenbau mit einem Denkmal gewürdigt. Es erhielt seinen Platz an landschaftlich exponierter Stelle in einer Kurve der Passstraße über das Wiehengebirge zwischen Rothenuffeln und Bergkirchen. Später fanden von Schlotheim und seine Frau Melanie (1803 – 1876) neben dem Denkmal die letzte Ruhestätte. Melanie von Schlotheim war eine uneheliche Tochter von Jerôme, Bruder Napoleons und König von Westphalen. Sie trug den Titel »Gräfin von Wietersheim«.[16] Bis heute wird die Grabstätte, von der man einen weiten Blick in die Norddeutsche Tiefebene hat, sorgsam gepflegt.

▼ **Denkmal und Grabstätte von Carl und Melanie von Schlotheim am Nordhang des Wiehengebirges**

Eine alleemäßige Bepflanzung gehörte auch beim Bau von Kreisstraßen ganz natürlich dazu. Aus einer erhalten gebliebenen »Kostenaufstellung für die Instandhaltung der nördlichen Kreisstraßen« im Kreis Lübbecke von 1920 erfahren wir Näheres zur Bepflanzung.

▼ Titelseite eines Kostenvoranschlages zur Unterhaltung der Kreisstraße von Levern über Wehdem nach Oppendorf für das Rechnungsjahr 1920
(Kommunalarchiv Minden, KLÜKA, Nr. 3224)

Kreis Lübbecke.

Kosten-Anschlag № 36

über die

Unterhaltung der Kreisstraße von Levern über Wehdem nach Oppendorf

von Nummerstein 0,0 bis 10,261 = 10,261 km lang

für das Rechnungsjahr 1920

Laufende Nr.	Der Anfangspunkt der Straße liegt an der Abzweigung von der Kreis=straße Nr. 16 in Levern. Es sind zu unterhalten:	von Stations Nr.	von Stations +m	bis Stations Nr.	bis Stations +m	Chaussee Stationen	Kopfstein-Pflaster Stationen	Klein-Pflaster Stationen	Hölzerne Brückenbahn lfd. m
1	Im Amtsbezirk Levern	0,0	00	3,6	00	36,00	.	.	.
2	Im Amtsbezirk Wehdem	3,6	00	6,8	00	32,00	.	.	.
		6,8	00	7,2	00	.	4,00	.	.
		7,2	00	7,7	50	.	.	5,50	.
		7,7	50	10,2	61	25,11	.		
	Summa					93,11	4,00 102,61	5,50	

Ferner sind zu unterhalten:

995 Stück Apfelbäume,	. lfde. m Futtermauern,
312 Stück Birnbäume,	1900 lfde. m Gossenpflasterung,
. Stück Linden,	. lfde. m Drainage,
29 Stück Pappeln,	13 Stück Durchlässe,
. Stück Birken,	1 Stück Brücken
. Stück sonstige Bäume,	102 Stück Nummersteine,
. Stück Prellsteine,	. Stück Wegweiser von Holz,
. lfde. m Geländer aus Holz,	1 Stück Wegweiser von Stein,
. lfde. m Geländer von Stein,	. Stück Warnungstafeln,
. lfde. m erhöhte Banketts mit Bordstein-Einfassung,	. Stück Grenzsäulen.

Das sechsseitige Formblatt nennt gleich auf Seite 1 die zu unterhaltenden Straßenbäume. Sie sind in bereits vorgedruckter Form getrennt nach Arten aufgelistet. Es mussten nur noch die Stückzahlen eingetragen werden. In folgender Reihenfolge werden genannt: Apfelbäume, Birnbäume, Linden, Pappeln, Birken und sonstige Bäume. Diese Liste ist durchaus auch als Rangfolge auszulegen, da die jeweils handschriftlich eingetragenen Zahlen für immerhin 23 Chausseen ganz eindeutig belegen, dass Apfel- und Birnbäume am meisten vertreten sind. Die Pappel, gemeint ist sicherlich die Säulenform, gehört zwar immer noch zum Sortiment, allerdings kann man deutlich erkennen, dass die 100 Jahre vorher so eindeutige Vorrangstellung geschwunden ist. Genau aufgenommen wurde auch die Zahl abgängiger Bäume sowie die Kosten für die Ersatzpflanzung, die wie auch die übrigen Aufwendungen zur Unterhaltung von Fahrbahn, Banketts und Gräben ganz selbstverständlich dazu gehörten.

Wie dominant die Apfel- und Birnbäume zu Anfang des 20. Jahrhunderts waren, zeigt auch das Beispiel der heutigen K 63 in Rahden, zwischen Tonnenheide und Wehe. Für die 1887 erbaute Kreisstraße sind 728 Apfelbäume und 94 Birken dokumentiert. Bei der angegebenen Straßenlänge von 4,03 Kilometern muss eine schöne, kompakte Apfelbaumallee mit Birkenbeimischung entstanden sein.

Die von Frotheim nach Norden führende Diepenauer Straße war einst eine der ganz wenigen Kreischausseen[17], die in weiten Teilen aus einer Eichenallee bestanden. Für das Jahr 1920 sind neben Birken und Obstgehölzen, die vermutlich eher in Ortsnähe standen, auch 500 Eichen verzeichnet.[18] An sich hätte man diesen deutschen Symbolbaum in den damaligen Alleen häufiger erwarten können. Stieleichen sind seit jeher als Hofbaum im ländlichen Raum Westfalens ortsbildprägend. In Einzelstellung mit freier Entfaltung oder als mehrreihiger Eichenkranz aufgeastet und eng beieinanderstehend gehören sie vielerorts zum vertrauten Landschaftsbild. Als Alleebaum rangieren sie allerdings deutlich hinter der Linde. Wenngleich ähnliche konkrete Unterhaltungslisten für andere Teile des Kreises Minden-Lübbecke fehlen, dürfte sich das Bild ähneln.

▶ **Heute befindet sich auf etwa 1 km Länge eine Alleenbepflanzung aus Ahornbäumen an der K 63 (Husenstraße) zwischen Tonnenheide und Wehe.**

Heute kaum noch erkennbar ist eine historische Blutbuchenallee in Porta Westfalica. Sie führte entlang der Kaiserstraße hinauf zum Kaiser-Wilhelm-Denkmal. Aktuell bilden noch rund drei Dutzend Blutbuchen mit Schwerpunkten gleich am Beginn der Walddurchfahrt sowie am Ende der Straße kurz vor dem Besucherparkplatz zusammen mit Berg- und Spitzahorn die Kulisse. Die Bäume sind um die 100 Jahre alt. Ob sie bereits zur Eröffnung des Denkmals 1896 die Straße schmückten, lässt sich nur vermuten. In der zweiten Hälfte des 19. Jahrhunderts erfreuten sich Blutbuchen großer Beliebtheit. Sie fanden Platz in zahlreichen Parks und Gärten. »Am Anfang des 20. Jahrhunderts versuchte die moderne Gartenkunst statt der unruhigen Effekte der Blutbuche im Landschaftsgarten die konzentrierte Verwendung als Blutbuchenallee oder Blutbuchenhecke«[19], führt Gartenhistoriker Clemens Alexander Wimmer dazu aus. Die Geschichte der Kaiserstraße, ihre Chaussierung und Bepflanzung in Zusammenhang mit dem Denkmal näher zu untersuchen, steht noch aus. Bekannt ist die für den Chausseebau zuständige Person. Es handelt sich um den preußischen Kreisoberwegemeister Carl Gieseking, der aus Lahde stammte.

▼ Während die Blutbuchen in der dunklen Walddurchfahrt kaum auffallen, glänzt an den Randbäumen kurz vor dem Besucherparkplatz vom Kaiser-Wilhelm-Denkmal das Rot ihrer Blätter in der Abendsonne.

Die rasch steigende Zahl von Kraftfahrzeugen in den 1960er-Jahren brachte eine Zunahme von Verkehrsunfällen. In der Folge machten insbesondere die Automobilclubs Front gegen die sogenannten »Todesfallen« durch Straßenbäume. An den Kreisstraßen in beiden Altkreisen fielen überall die Bäume. Jeden Winter waren die Straßenwärterkolonnen damit beschäftigt, nicht nur Obstbaumalleen abzuholzen. Wohl nur durch Zufall blieben zwei Lindenalleen in Rahden und Minden verschont (siehe hierzu Kapitel 5).

In den 1970er-Jahren gab es erneut ein Umdenken. Beginnend mit dem 1970 vom Europarat ausgerufenen »Europäischen Naturschutzjahr« veränderte sich die öffentliche Wahrnehmung zugunsten der Erhaltung von Natur und Landschaft. Beim fortschreitenden Ausbau des Kreisstraßennetzes gab es nun auch umfangreiche Anpflanzungen. Die neuen Naturschutzgesetze in Nordrhein-Westfalen 1975 und auf Bundesebene 1976 bewirkten zudem, dass die Belange von Naturschutz und Landschaftspflege rechtsverbindlich mit einzubeziehen waren. So sind in dieser Zeit an den Kreisstraßen einige neue Alleen entstanden. Aktuell ist der Kreis für 48 Straßenalleen mit einer Gesamtlänge von 45 Kilometern zuständig (siehe Kapitel 6). Für die daraus resultierende große Verantwortung wären fachkundige Konzepte hilfreich. ●

▼ **Lindenallee an der Isenstädter Straße in Lübbecke (K 56)**
Ende der 1980er-Jahre wurde die Straßenbreite auf 6 Meter erweitert und ein 2 Meter breiter Radweg angelegt. Die Baumaßnahme schloss mit der Anlage einer durchgängigen, rund 1,5 Kilometer langen Alleebepflanzung ab, der letzten diesen Umfanges.

▲ Markantestes Gebäude an der Ellernstraße (K 31) in Hille ist die evangelische Kirche Oberlübbe. 1911/12 gebaut aus Sandstein im neoromanischen Stil wacht sie über eine junge Allee aus Linden und Eichen, die von Unterlübbe kommend anfangs in kompakter Form die Kreisstraße begleitet, dann aber deutliche Lücken aufweist. Es gibt genügend Raum diese Allee zu vervollständigen.

▲ Malerische Birkenallee an der Drohner Straße in Stemwede (K 75) Imposant ist das südliche 1,5 Kilometer lange nahezu lückenlose Teilstück.

Kapitel 5

Alleenporträts aus den Städten und Gemeinden des Kreises Minden-Lübbecke

▲ Platanenallee in Petershagen

Bad Oeynhausen

1. **Deesberger Allee**
2. **Kurpark**
3. **Park der magischen Wasser**
4. **Sielallee und Lindenallee an der Sielstraße**
5. **Alleen in der Innenstadt**

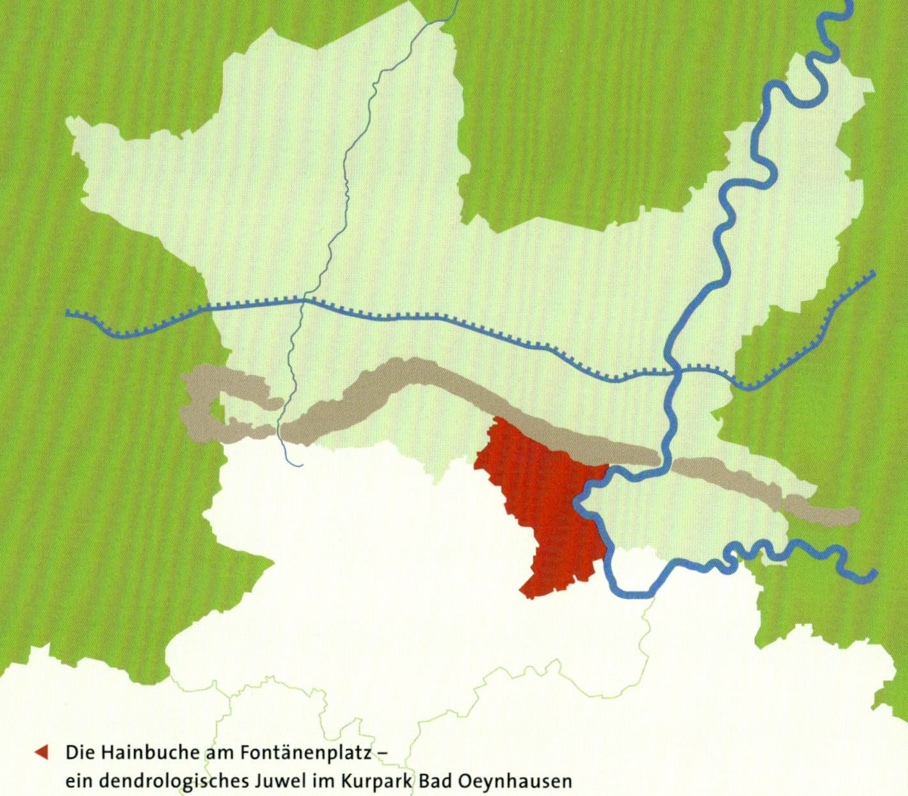

◀ Die Hainbuche am Fontänenplatz – ein dendrologisches Juwel im Kurpark Bad Oeynhausen

Deesberger Allee

Gut Deesberg liegt direkt an der Weser in Bad Oeynhausen-Rehme nahe der Grenze zum Kreis Herford.

Bereits Ende des 18. Jahrhunderts wurde auf dem Gutsgelände eine Ziegelei gegründet. Ausführlich hat Rolf Momburg die Wirtschaftsgeschichte der Ziegeleien im Mühlenkreis beschrieben. In seinem Buch »Ziegeleien überall« geht er auch auf Gut Deesberg ein. So erfährt man, dass der Ziegeleibetrieb seine eigentliche Expansion nach dem 1. Weltkrieg erlebte, als Hermann Rolfsmeyer das Anwesen übernahm. Hergestellt wurden in dieser Zeit Dachziegel, Verblender, Mauersteine, Drainageröhren und Pflasterklinker. Dabei profitierte die Fabrik von der vorbeiführenden Eisenbahnstrecke Hameln-Löhne und dem Schifffahrtsweg Weser. Nach dem 2. Weltkrieg erreichte die Produktion ihren Höhepunkt. Sie lief bis 1962 und wurde dann zugunsten einer erfolgversprechenderen Champignonzucht eingestellt. In den 1980er-Jahren schließlich folgte mit dem Ökolandbau erneut eine betriebliche Veränderung.

▲ **Werbedruck vom Gut Deesberg mit Dachziegelwerk**
Die zum Gutshaus in gerader Linie führende Allee ist in der linken Bildhälfte deutlich sichtbar.
(um 1920; Privatsammlung Arnulf Rolfsmeyer)

◀ **Blühende Rosskastanien in der Deesberger Allee**

▲ Blick vom Portal des Gutshauses in die Kastanienallee

▲ Gleiche Ansicht um 1950 im Schnee
(Privatsammlung Arnulf Rolfsmeyer)

Das 1871 erbaute Gutshaus erreicht man heute über eine neu angelegte Straße, die im Bogen auf eine alte Rosskastanienallee trifft. Ursprünglich führte die 350 Meter lange Gutszufahrt in Ost-West-Richtung direkt zur Rehmer Chaussee, der heutigen B 514. Auf einer alten Werbeanzeige ist die ursprüngliche Allee am Südrand der Ziegelwerke gut zu erkennen.

Heute ist die Allee nur noch in Teilen erhalten. Insgesamt 30 Rosskastanien mit einem Stammumfang zwischen 2,50 Meter und 3,50 Meter stehen an der Privatstraße. Deutlich vollständiger präsentiert sich die Südseite mit 18 Bäumen. Hier befinden sich noch drei Kastanien im ursprünglichen Pflanzabstand von 5 Metern, während ansonsten der Abstand 10 Meter oder in den Lücken ein Vielfaches beträgt. Bessere Standortbedingungen auf der Südseite ohne angrenzende Bebauung haben dazu geführt, dass die Bäume hier insgesamt noch einen vitaleren Eindruck machen. Auch wenn viele von ihnen meist altersbedingt Schäden aufweisen und die entstandenen Lücken das Bild trüben, gehört diese Allee mit einem Alter von etwa 150 Jahren zu den ältesten noch vorhandenen im Kreis Minden-Lübbecke.

Eine große Affinität des Eigentümers zu Alleen ist in Gut Deesberg augenfällig, denn auch die neue Zufahrtsstraße wurde 2007 mit 50 Winterlinden als Allee bepflanzt. Dabei kam die Lindensorte »Greenspire« zum Einsatz. Die Bäume stehen im Abstand von 7,50 Meter auf kleinen Erdhügeln. Dadurch sollen die ungünstigen Bodenverhältnisse des ehemaligen Ziegeleigeländes für die Pflanzen verbessert werden. ●

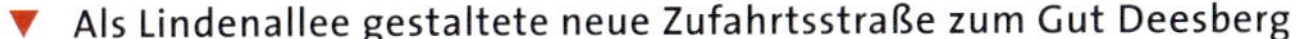

▼ **Als Lindenallee gestaltete neue Zufahrtsstraße zum Gut Deesberg**

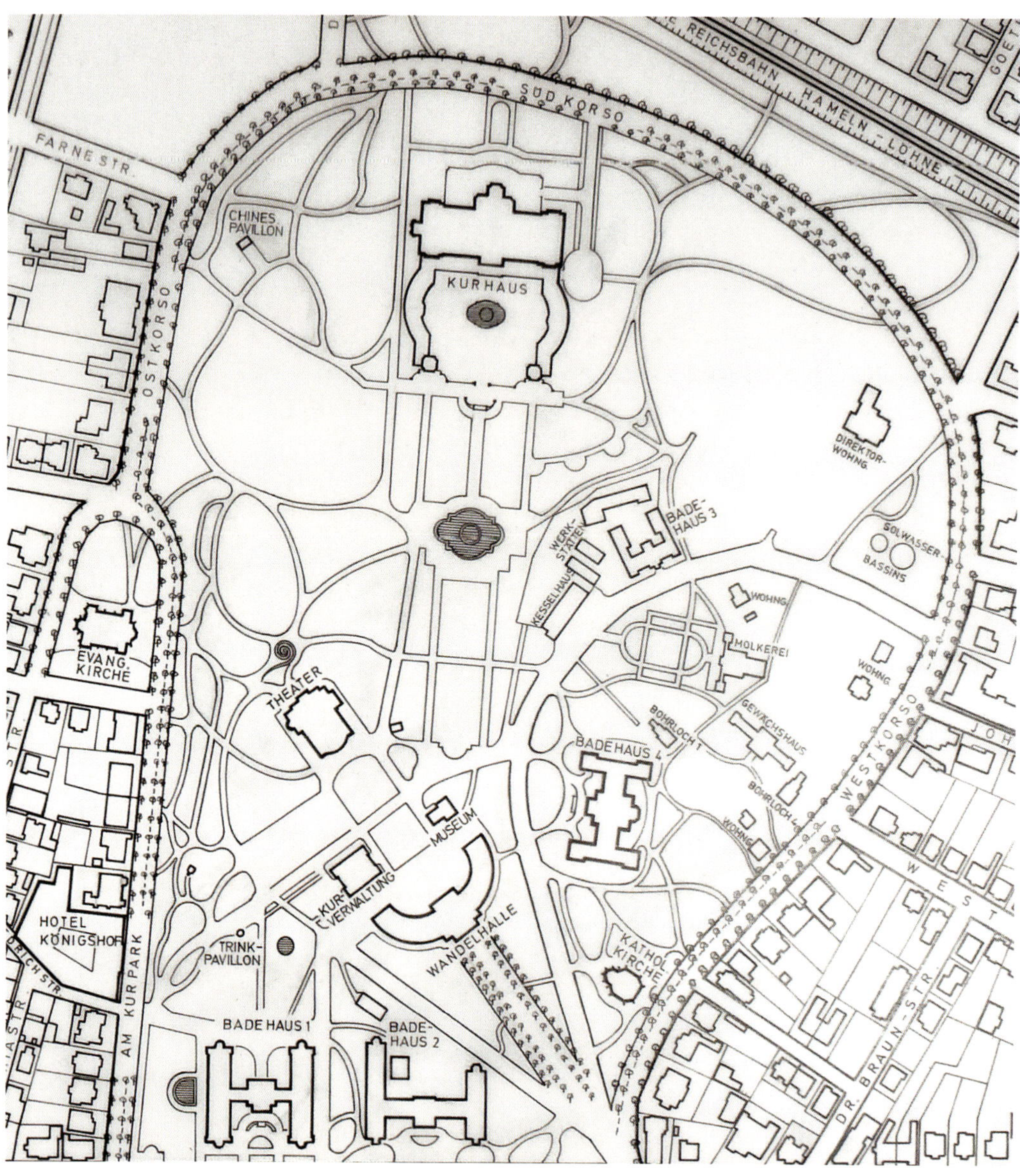

▲ **Planausschnitt vom Kurpark zwischen 1894 und 1925, gezeichnet von Baldur Köster**
(Stadtarchiv Bad Oeynhausen)

Kurpark

Heute sucht man im etwa 26 Hektar großen Kurpark vergebens nach Alleen. In der Geschichte der Parkanlage allerdings kamen sie durchaus vor. Die erste Planung entwickelte Peter Joseph Lenné 1846. Er war Königlicher Gartendirektor und einer der bekanntesten Gartenkünstler seiner Zeit. Seine grundlegende Idee bestand darin, den zukünftigen Kurpark mit einem in Ovalform angelegten Corso, der als Fahr- und Flanierweg dienen sollte, zu umgeben. Er war anfangs mit drei Lindenbaumreihen bepflanzt. Ende des 19. Jahrhunderts musste die den Häusern zugewandte Reihe wegen Beschattung der Grundstücke weichen. Die Allee, zum Flanieren an der Parkseite im dichten, gleichmäßigen Abstand von 7 Metern gepflanzt, blieb vorerst bestehen, wie dem Parkpflegewerk von Bödeker, Wagenfeld & Partner zu entnehmen ist.

Anlässlich des 200. Geburtstags von Lenné präsentierte die Stadt Bad Oeynhausen eine Ausstellung zum Kurpark und dem Werk des berühmten Gartenarchitekten. Zu diesem Ereignis gab die Stadt auch ein Begleitheft heraus, das die 150-jährige Geschichte des Kurparks umfassend darstellt. Der Autorin Cornelia Jöchner gelang es, mit intensiver Recherche eine bisher in dieser Form noch nicht existierende Rekonstruktion der Parkgeschichte vorzulegen. Einige unser Thema »Alleen« betreffende Erkenntnisse aus der Studie sollen im Folgenden vorgestellt werden.

Neben der Bepflanzung des Corsos mit Alleebäumen hatte Lenné auch eine aus fünf Baumreihen bestehende Allee vorgesehen, die im nordöstlichen Parkteil in Richtung der erst später erbauten evangelischen Kirche geplant war und dann in den Corso übergehen sollte. Allerdings kam diese Planidee im Gegensatz zu der am Corso nicht zur Ausführung. Realisiert wurde hingegen ein sogenanntes dreigliedriges Alleensystem. Dieses offensichtlich nicht auf Lenné zurückzuführende Gestaltungselement beinhaltete eine an der Nordwestecke des Kurparks in der Nähe der katholischen Kirche beginnende Allee, die strahlenförmig in drei einzelnen Strängen Richtung Parkmitte führte. Für die Anlage von Alleen sind mit Vertrag zwischen der Badeverwaltung und dem Händler Spöhring aus Minden vom 16.10.1853 ca. 2.000 junge Lindenbäume bestellt worden. Es ist belegt, dass 1.500 Linden geliefert wurden. Leider erfolgte Anfang der 1950er-Jahre – wahrscheinlich zugunsten der baulichen Entwicklung – die vollständige Beseitigung des dreigliedrigen Alleensystems.

▲ **Ansichtskarte vom Westkorso um 1904 mit der Lindenallee am Gehweg**

▲ **Tennisplätze im Kurpark flankiert von einer vierreihigen Lindenallee Ansichtskarte um 1909**
(beide Stadtarchiv Bad Oeynhausen)

◀ **Bombergallee in Bad Pyrmont**
Foto: Dr. Max Peters

Während von den baulichen Anlagen im Kurpark aus allen Epochen Bildmaterial existiert, sind Fotos vom dreigliedrigen Alleensystem oder Teilen davon rar. Eine alte Ansichtskarte bringt ein wenig Licht ins Dunkel. Das Motiv lautet »Lawn-Tennisplätze im Kurpark« und zeigt mehrere hintereinanderliegende Tennisplätze in der mittleren vierreihigen Allee. Alleen als Orte für Sport und Spiel sind eine seltene Nutzungsvariante. Allerdings spielte man im 17. und 18. Jahrhundert auf sogenannten Mailbahnen in herrschaftlichen Gärten und Parks unter schattenspendenden Alleebäumen gern mit Holzschlägern und Holzkugeln eine Art Bahnenkrocket, das man »Mail-Spiel« nannte. Obwohl das Alleensystem aus Linden seit Anfang der 1950er-Jahre als solches nicht mehr existiert, ist zu vermuten, dass drei ältere Linden, die auf der Rasenfläche südlich der Gollwitzer-Meier-Klinik stehen, Reste der damaligen Alleen sind.

Besser erging es dem dreistrahligen Alleensystem – auch Dreistrahl genannt – in den Kuranlagen von Bad Pyrmont, das vielleicht Vorbild für Bad Oeynhausen gewesen ist. In der benachbarten Kurstadt liegt nördlich des Kurparks der Aesculap-Platz. Um 1760 – also deutlich früher als in Bad Oeynhausen – wurden von diesem Punkt aus drei Alleen angelegt, die fächerförmig nach Süden in den Kurpark hineinführten und jeweils einen besonderen Blickfang hatten, den sogenannten »point of view«. Der obere Teil des Dreistrahls existiert noch. Er wurde Ende der 1990er-Jahre nach historischem Vorbild erneuert. In entgegengesetzter Richtung beginnt nach wenigen Schritten die äußerst sehenswerte Bombergallee. Die 1883 gepflanzten 500 Meter langen Lindenreihen sind durch die im dichten Abstand von 6 Metern stehenden hoch aufgeschossenen Bäume eine außergewöhnliche Erscheinung. Bad Pyrmont hat eine Vielzahl von Alleen, die allein im Kurpark 3 Kilometer lang sind. Sicherlich ist dies die »Alleenhauptstadt« im Weserbergland.

Doch zurück nach Bad Oeynhausen. Besucht man heute den Kurpark, so fällt auf, dass an zahlreichen Bäumen kleine Tafeln angebracht sind. Auf ihnen stehen die deutschen und lateinischen Artbezeichnungen sowie Hinweise zu Herkunft und Wuchseigenschaften. Es ist ein interessanter Baumlehrpfad entstanden, für den es zusätzlich ein informatives Faltblatt gibt. Insgesamt 42 Gehölze sind darin aufgelistet. Auch die imposanten alten Eichen im östlichen Parkteil, die bereits Lenné vorfand und beließ, sind dargestellt. Als botanische Wahrzeichen des Kurparks ragen sie besonders hervor. Mächtige Platanen, alleeartig angeordnet zwischen Badehaus I und dem Theater im Park sind ein weiterer dendrologischer Höhepunkt. Weniger auffällig ist die Hainbuche am Fontänenplatz, die mit einem Stammumfang von etwa 5 Metern zu den markantesten Baumveteranen ihrer Art in Deutschland gehört. Wegen der großen naturschutzfachlichen Bedeutung wurde sie 2010 als Naturdenkmal gesichert. ●

▲ Blick in die zentrale Parkachse mit ihren Platanenquadraten

◀ Dreistämmige Korbweidenallee in direkter Nachbarschaft zur Allee des Weltklimas

Park der magischen Wasser

Im Grenzgebiet der beiden Städte Bad Oeynhausen und Löhne fand im Jahr 2000 eine Landesgartenschau statt, deren Motto »Magisches Wasserland« beziehungsweise »Aqua magica« lautete. Das Pariser Planungsbüro Agence Ter konzipierte auf 20 Hektar Fläche eine moderne Parkanlage. Einbezogen wurde auch das ehemalige Firmengelände der stillgelegten Ziegelei Friedrichsmeyer. Von den baulichen Anlagen blieb nur der hohe Schornstein stehen. Er erinnerte an die industriegeschichtlich sehr bedeutsame Ziegeleivergangenheit des Raumes Bad Oeynhausen-Löhne, die über 150 Jahre andauerte und mit der Stilllegung von Friedrichsmeyer 1985 endete. 2015 ist dann schließlich mit dem Abriss des Schornsteins auch das letzte Wahrzeichen dieser Epoche verschwunden. Die zum Werk gehörende Tongrube wurde mit unterschiedlichen Biotopstrukturen für den Artenschutz gestaltet und mit einem Rundweg in das Gartenschaugelände integriert.

Als Publikumsmagnet dienten ein 18 Meter tiefer begehbarer Wasserkrater sowie eine »Allee des Weltklimas«. Welche Vorstellungen des Planungsbüros verbanden sich mit dieser Alleenidee? Die Planer wählten eine ungewöhnliche Anordnung von jeweils neun Platanen, die ein Quadrat bilden und aneinandergereiht beidseitig einer breiten Promenade verlaufen. Zwischen den Platanenquartieren wurden Klimagärten platziert, die Kulturpflanzen verschiedener Klimazonen der Erde zeigen. Die in Ost-West-Richtung verlaufende, knapp 600 Meter lange Allee bildet den Mittelpunkt der Parkanlage. Sie endet an einer großen Aussichtsplattform, die den Blick auf das darunterliegende ehemalige Ziegeleigelände eröffnet.

Für die Allee lieferte Lorenz von Ehren, eine der größten Baumschulen Deutschlands, 240 Platanen, die bereits eine Höhe von etwa 7 Metern hatten. Die im Frühjahr 1999 gepflanzten Bäume erhielten keine Stützpfähle, es kamen stattdessen unterirdische Verankerungssysteme zum Einsatz.

Heute, zwanzig Jahre nach Abschluss der Landesgartenschau, ist die vom üblichen Bild einer Allee stark abweichende Platanensammlung immer noch der gestalterische Mittelpunkt des als Park-, Veranstaltungs- und Freizeitgelände genutzten Areals. Übrig geblieben ist von den damaligen Gestaltungselementen auch eine skurrile, rund 150 Meter lange Korbweidenallee in Dreierformation. Sie befindet sich gleich neben den Platanenquadraten am Rand eines lang gezogenen Spielplatzes. Es ist ein angenehmer Spaziergang, der sich vielleicht mit der Zeit zu einem Laubengang entwickelt. ●

▲ Sielallee heute

▲ **Ansichtskarte um 1915**
(Stadtarchiv Bad Oeynhausen)

Sielallee und Lindenallee an der Sielstraße

Der Sielpark liegt nördlich der Innenstadt in der Werreaue, nah an der Grenze zum Stadtteil Werste. Auf dem etwa 50 Hektar großen Gelände legte die Badeverwaltung Anfang des 20. Jahrhunderts einen Landschaftspark an mit ausgedehnten Spazierwegen, mehreren Teichen, Wiesenflächen und einer waldartigen Bepflanzung. Heute ist der Park mit seinem vielfältigen Baumbestand, der ohne jegliche forstwirtschaftliche Nutzung alt werden darf, von großem Naturschutzwert. Ein gut ausgebautes Wegenetz bietet darüber hinaus Fußgängern und Radfahrern ideale Bedingungen für sportliche Betätigung und Erholung.

Bereits Mitte des 18. Jahrhunderts begann in der Auenlandschaft die Salzgewinnung. Für den Betrieb von Solepumpen staute man damals mit einem Sielwehr die Werre an, leitete Wasser in einen künstlichen Kanal und gewann mithilfe eines großen Mühlrades die erforderliche Energie. Das Gewässer nannte man seit Anfang des 20. Jahrhunderts »Kokturkanal«. »Koktur« leitet sich vom lateinischen coquere, »kochen, sieden« ab. Es deutet auf den Vorgang des Kochens der Sole in der Saline hin. Neben dem Kokturkanal verläuft die Sielallee. Sie ist entstanden durch den beim Kanalbau angefallenen Aushubboden und liegt durch ihre Dammlage besonders exponiert. Bereits vor 100 Jahren präsentierte sie sich als gepflegte Promenade. Als Bepflanzung dienten Stieleichen und Rotbuchen, von denen heute noch 160 Exemplare den Weg säumen.

Derzeit plant die Stadt Bad Oeynhausen, das Stauwehr an der Werre umzubauen. Das die Fließgewässerökologie beeinträchtigende Querbauwerk soll beseitigt werden und einer naturnahen Gestaltung Platz machen. Dadurch darf allerdings das bisher dem Kokturkanal zugeführte Wasser aus der Werre nicht versiegen. Es ist für die Sielallee mit ihrem alten Baumbestand lebenswichtig, wie auch ein von der Stadt beauftragtes Gutachten ergab. Noch stehen die mächtigen Bäume, die einen Stammumfang bis zu 3,50 Meter aufweisen, in einem unregelmäßigen Abstand von 3 bis 10 Metern beschaulich nebeneinander. In größeren Lücken ist der Übergang von einer klassischen Allee hin zu einem waldartigen Baumbestand und der Böschungsbepflanzung des Kokturkanals fließend. Da bereits mehrere Altbäume aus Verkehrssicherungsaspekten gefällt werden mussten, leidet zwar der typische Alleecharakter, der Gesamteindruck der Sielallee, vor allem auf dem etwa 700 Meter langen Teilabschnitt zwischen Brunnenmeisterhaus und der historischen Kanalbrücke, ist aber immer noch beeindruckend.

Überquert man die Werre auf dem Sielwehr Richtung Werste, so folgt in der Sielstraße eine kleine beachtenswerte innerörtliche Lindenallee. Sie glänzt durch ihren kompakten Gesamteindruck mit teils geschlossenem Kronendach und insgesamt 64 Bäumen, die sich auf 320 Metern Länge aneinanderreihen. Es sind kaum Lücken sichtbar. Schnelle Nachpflanzungen haben einen schönen vollständigen Alleeneindruck zur Folge. Nahe der Mündung der Werre in die Weser ist außerdem eine Mehlbeerenallee erwähnenswert. So jedenfalls bezeichnet sie der einst bekannte Mindener Landschaftsgärtner Werner Rasche in seinem Buch »Von Bäumen und Denkmälern. Unverzicht-

bare Kulturgüter im Mühlenkreis Minden-Lübbecke«. Schnell lässt sich der beschriebene Ort finden. Schon von Weitem leuchten im Herbst 20 Baumkronen am Weserradweg in strahlendem Rot. Doch um eine Allee handelt es sich nicht. Allerdings sucht eine derart eindrucksvolle Reihe alter Mehlbeerbäume kreisweit ihresgleichen. Altersbedingte Schäden sind nicht zu übersehen. Sie sollten aber nicht zum Verschwinden dieses außergewöhnlichen Landschaftselementes führen. ●

▼ Mehlbeerbaumreihe am Weserradweg, Nähe Werremündung

Alleen in der Innenstadt

Einige der kleinen Stadtstraßen mit ihren noch zahlreichen prächtigen Villen aus der Zeit um 1900 weisen als Gestaltungsmittel Alleen auf. Eine schwärmerische Beschreibung des früheren Straßenbildes lieferte der Dichter, Chronist und Kommunalpolitiker Paul Baehr[1] in seiner erstmals 1909 erschienenen Chronik von Bad Oeynhausen. »Auch die geraden und sauberen Straßen der Stadt, die mit Lindenbäumen oder Akazien oder Platanen usw. bepflanzt und deren breite Bürgersteige mit gutem Mosaikpflaster versehen sind, bilden in Verbindung mit den liebevoll gepflegten Vorgärten der Häuser eine Hauptzierde des Badeortes.« Glücklicherweise existieren noch viele Ansichtskarten aus den Anfängen des 20. Jahrhunderts, auf denen die baumbestandenen Stadtstraßen der damaligen Zeit abgebildet sind. Drei Straßen, die auch heute noch Alleen sind und von denen alte Bilddokumente vorliegen, wollen wir näher betrachten.

Die wohl schönste Allee befindet sich an der Dr.-Neuhäußer-Straße. Insgesamt 65 Platanen säumen die 350 Meter lange Straße. Einige Exemplare aus der Ursprungsallee sind noch vorhanden. Sie wurden mehrfach gekappt und haben in der verkehrsreichen Stadtstraße keinen leichten Stand. Im östlichen Teil fällt der enge Pflanzabstand von rund 6 Metern auf, der das Erscheinungsbild in Verbindung mit dem weitgehend geschlossenen Kronendach harmonisch abrundet. Obwohl im westlichen Bereich die Platanen nicht mehr so dicht stehen, ist die Allee auch hier, zusammen mit dem Kopfsteinpflaster aus Basaltsteinen, sehenswert. Das einst die Charlottenstraße – so hieß sie bis 1954 – dominierende Gebäude war das Postamt. Auf einer Ansichtskarte aus den Anfangsjahren des 20. Jahrhunderts (Nr. 1) ist das leider nicht mehr existierende historische Gebäude abgebildet. Auch die gerade erst gepflanzte Platanenallee ist zu erkennen. Dr. Fritz Neuhäußer (1877 – 1939), Namensgeber der Straße, war von 1907 bis 1933 Bürgermeister von Bad Oeynhausen. Die städtische Auswahl von Platanen fällt somit in seine Amtszeit. Seine Grabstätte liegt auf dem Friedhof am Schwarzen Weg, direkt am Ende einer ebenso mit Platanen bestandenen Allee. An dem 5 Meter breiten Kiesweg haben die Bäume Platz, sie können frei wachsen, sodass die 20 starken, ausladenden Exemplare gleich einer grünen Kathedrale ein würdiges Entree in den 1910 eröffneten Friedhof bilden.

◀ Platanenallee in der Dr.-Neuhäußer-Straße

▶ Nr. 1
Ansichtskarte Dr.-Neuhäußer-Straße, postalisch gelaufen 30. August 1920

▶ Nr. 2
Ansichtskarte Portastraße um 1920

▶ Nr. 3
Ansichtskarte Weststraße, postalisch gelaufen 20. Juni 1907 (alle Stadtarchiv Bad Oeynhausen)

Verlässt man die Dr.-Neuhäußer-Straße über die querende Heinrichstraße in südlicher Richtung, führt der Weg noch ein Stück weiter als Platanenallee, bevor die Baumart in der Portastraße zu Linden wechselt. Wie geruhsam das Treiben auf der Straße Anfang des 20. Jahrhunderts gewesen sein muss, zeigt Ansichtskarte Nr. 2. Die dort abgebildeten Baumreihen sind mit der heutigen Allee nicht identisch. Zu jung sind die meisten Linden, die jedoch eine langjährige Alleentradition fortsetzen.

Eine dritte Allee, die auf einer Ansichtskarte zusammen mit prachtvollen Villen zu sehen ist, befindet sich in der Weststraße. Von den damals gepflanzten Kugelahornbäumen sind wohl noch einige durchgewachsene Exemplare erhalten. Mit ihren arg ramponierten Kronen durch über Jahrzehnte hindurch erfolgte uneinheitliche Schnittmaßnahmen haben sie einen schweren Stand. Mehrfach erfolgten Neuanpflanzungen mit Berg- und Spitzahorn, sodass auch derzeit eine vollständige etwa 300 Meter lange Allee existiert. Allerdings zeigt das Aussehen der Bäume drastisch, wie schwierig es ist, heutzutage im beengten, verkehrsbelasteten Straßenraum eine Alleebepflanzung aufrecht zu erhalten.

Über die Innenstadt von Bad Oeynhausen spannt sich noch ein großes Netz aus mehr oder weniger gut erhaltenen Alleen. Es wäre lohnenswert, deren Geschichte einmal im Gesamtzusammenhang zu erforschen. ●

▼ Leuchtendes Herbstlaub an den Ahornbäumen der Weststraße

Espelkamp

6 **Ellerburger Allee**

7 **Eibentunnel Schloss Benkhausen**

8 **Eichenallee Kemna**

9 **Lindenallee Hof Wehebrink**

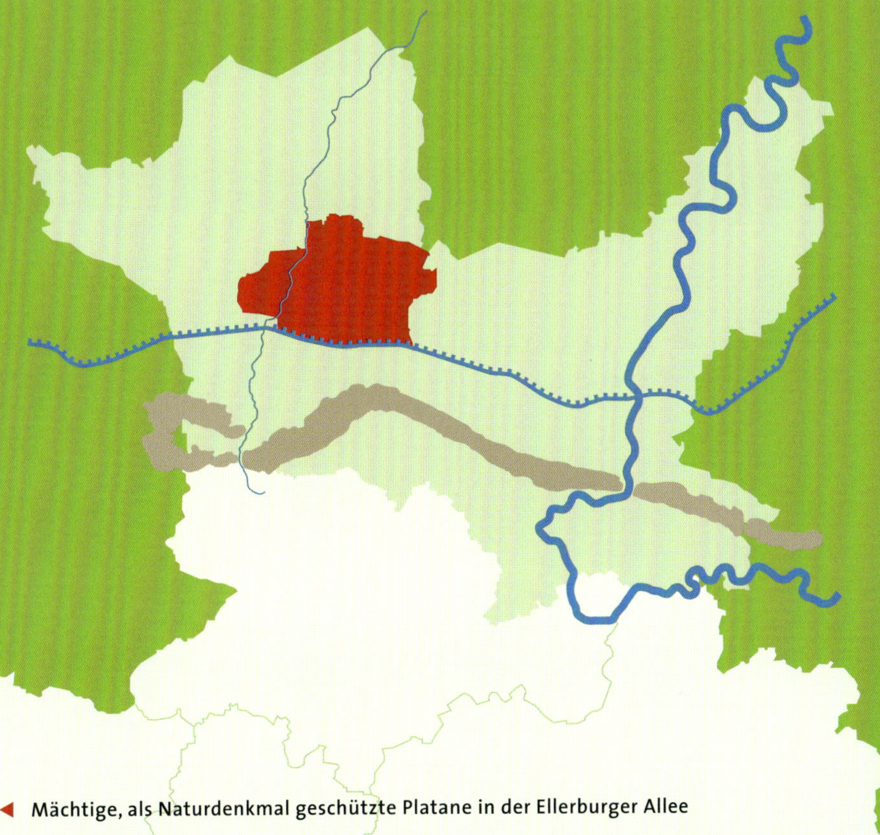

◄ Mächtige, als Naturdenkmal geschützte Platane in der Ellerburger Allee

Ellerburger Allee

Die Ellerburg ist heute nur noch in ihren Grundmauern sichtbar. Sie liegt in Fiestel direkt an der Großen Aue. Eigentümerin ist die Stadt Espelkamp, die versucht, zusammen mit einer Initiative zur Erhaltung des geschichtsträchtigen Anwesens, die Anlage in geeigneter Form der Öffentlichkeit wieder zugänglich zu machen.

Noch weitgehend erhalten ist die Ellerburger Allee südlich des ehemaligen Wasserschlosses. Den Eingang bilden zwei schöne ausladende Platanen. Es überrascht, dass hier die Platane als Alleebaum auftaucht, da sie ansonsten in den Alleen des Altkreises Lübbecke fehlt. Ihr Alter liegt schätzungsweise bei 100 Jahren. Die Baumartenzusammensetzung ist eher alleenuntypisch bunt gemischt. Im vorderen, in Ost-West-Richtung verlaufenden Teil stehen zwölf Rosskastanien und fünf Platanen zusammen mit vier Roteichen. Nach 50 Metern schwenkt der Weg fast im 90-Grad-Winkel nach Süden und entfaltet jetzt erst richtig den Charme einer alten Gutsallee ohne versiegelte Straßenfläche, nur noch auf einem Fußweg erlebbar. Die Bäume stehen in 5 bis 6 Metern Pflanzabstand in schöner Gleichmäßigkeit, wenn auch teilweise schief und krumm. Wiederum dominieren die Rosskastanien, die einen Stammumfang von 1 bis 3,20 Meter ausgebildet haben. Dazu kommen sechs stattliche Platanen, von denen die stärkste einen Stammumfang von 4,10 Meter aufweist. Einige teils jüngere Linden vervollständigen das Bild.

Günther Niedringhaus (1928 – 2019), ehemaliger Stadtheimatpfleger von Lübbecke und langjährig im Naturschutz engagiert, hat seine Begeisterung für diese Allee in einem kleinen Beitrag, der in einem Sonderdruck des Fördervereins Ellerburg, Espelkamp-Fiestel e.V. im Jahr 1990 erschienen ist, so zum Ausdruck gebracht: »Wir gehen weiter und stehen vor einer der schönsten Alleen des Lübbecker Landes. Platanen, Kastanien und Eschen, eine Vielzahl von Bäumen vermittelt uns ein Bild des beschützt seins. Unser Gemüt fühlt sich seltsam berührt. Der Wind, die Sonne, die Insekten, die Vögel, der Mensch, alle scheinen eine Einheit zu bilden, und man möchte auf dieser Allee immer weiter gehen. Aber auf einmal ist sie zu Ende. Das sind die Sünden der Vergangenheit. Ohne Rücksicht auf die Natur wurde hier die Aue begradigt und gleichgemacht.« Früher führte die Allee weiter zum Gut Hollwinkel in Preußisch Oldendorf-Hedem (siehe Porträt 37). ●

◀ **In Ost-West-Richtung verlaufender vorderer Teil der Ellerburger Allee**

Eibentunnel Schloss Benkhausen

Eine wechselvolle, bis ins 15. Jahrhundert zurückreichende Geschichte hat das herrschaftliche Anwesen erlebt.[2] Heute präsentiert sich Schloss Benkhausen, im Süden Espelkamps in der Nähe des Mittellandkanals gelegen, in neuem Glanz. Zwischen die historischen Gebäudeelemente Herrenhaus und Flügelbau wurde ein neuer Trakt aus Stahl und Glas gesetzt. Es ist ein modernes Schulungs- und Seminarzentrum entstanden.

Auch der das Wasserschloss umgebende Park wurde restauriert und mit neuen Gestaltungselementen verschönert. Eine noch im 19. Jahrhundert von der Gutsanlage nach Süden Richtung Lübbecke führende Allee existiert leider nicht mehr. Nur noch eine neu gepflanzte Baumreihe aus Säuleneichen erinnert ein wenig an die früher sicherlich herrschaftliche Zufahrtsallee.[3]

Stattdessen ist gleich nebenan eine kleine Friedhofsallee umso interessanter. Dicht beieinander stehende Eiben säumen einen schmalen Fußweg bevor man nach etwa 100 Metern über eine Hängebrücke eine Begräbnisinsel erreicht. Durch ihren nahezu vollständigen Kronenschluss vermitteln die Eiben ein Gefühl von Dunkelheit und Trauer. Bei Sonnenschein hingegen ergeben sich erstaunliche Lichteffekte, die vielleicht auch Hoffnung symbolisieren. Auf den restaurierten Grabsteinen stehen die Namen der früheren Eigentümer der Familie von dem Bussche-Münch. Einige Trauerbuchen und Rasenflächen bilden den Rahmen.

Eine Bereicherung für das gesamte Anwesen ist ein erst vor Kurzem angelegter gut gelungener Rundweg, der durch die reizvolle Umgebung des Schlosses führt und auch die Eibenallee berührt. ●

◀ Blick in das Innere des Eibentunnels

Eichenallee Kemna

Eine der ältesten Hofalleen führt zur ehemaligen Mühle an der Großen Aue in Fabbenstedt. Die aus insgesamt 42 Eichen bestehenden Baumreihen haben keinen erkennbaren Pflanzverbund. Die Abstände zwischen den Bäumen variieren zwischen 6 und 12 Metern. Doch darunter leidet der Gesamteindruck kaum, denn das weitgehend geschlossene Kronendach und die markanten, bis zu 150 Jahre alten Eichen sind allein schon eine Augenweide.

Breite grasbewachsene Saumstreifen zwischen Straße und angrenzendem Acker bieten den Eichen gute Lebensbedingungen. Dennoch fallen einige Lücken auf, die Sturmereignisse gerissen haben. Letztmalig sind bei einem heftigen Unwetter, das am 19.06.2019 über Teilen des Altkreises Lübbecke tobte, zwei Eichen umgestürzt. Familie Kemna versucht dankenswerterweise mit Nachpflanzungen, die Fehlstellen wieder zu füllen. Es ist ein schwieriges Unterfangen, das nur mit aufwendiger Pflege der Jungbäume Erfolg verspricht. ●

▶ Blick in die Eichenallee

▶ Sturmopfer des heftigen Unwetters am 19. Juni 2019

Lindenallee Hof Wehebrink

Mit gut 150 Metern hat sie als Hofallee eine beachtliche Länge. Ohne Lücken stehen sich auf dem Privatweg an der Tonnenheider Straße insgesamt 44 Linden im Pflanzabstand von 8 bis 9 Metern gegenüber. Kurz vor den Hofgebäuden geht es weiter mit einer nach Norden abknickenden Lindenreihe. Die 1984 angelegte Allee verleiht dem gesamten Anwesen eine besondere Note. Erst bei genauerem Hinsehen erkennt man Unterschiede zwischen den Bäumen. Teile der Allee sind deutlich älter. Die früher gepflanzten Linden wurden gekappt, fügen sich aber mittlerweile gut in den Gesamtbestand ein. Keine größeren Schnittmaßnahmen beeinträchtigen heute die Bäume, sodass sich bereits ein geschlossenes Kronendach über dem Weg gebildet hat. Nur ein gelegentlicher Rückschnitt herunterhängender Äste erfolgt. Ein weitergehendes Lichtraumprofil ist nicht erforderlich, da den Hof ansteuernde Lkw einen Seiteneingang benutzen können.Vor Pflanzung der Lindenallee wurde der vorhandene Teerweg in einen Erdweg mit grasbewachsenem Mittelstreifen umgewandelt; ein Segen für die Bäume und das Erscheinungsbild insgesamt. Der harmonische Gesamteindruck der noch jungen Lindenallee führte bereits dazu, dass die Baumkulisse als malerischer Hintergrund für Hochzeitsfotos diente. ●

▼ Die schöne Lindenallee gewinnt zusätzlich durch den naturnahen Wegebelag.

Hille

10 **Obstbaumallee am Windmühlenweg**

11 **Die B 65 – eine überörtliche Alleenstraße**

12 **Lindenallee im Gewerbepark Hartum-Ost**

◄ Frühling an der Greftmühle

Dagmar Meinert, Bauhofleiterin der Gemeinde Hille, und Marc Busche bei der Pflanzaktion im November 2019

Obstgehölzpflanzung am Windmühlenweg · Stand: Dezember 2019

Nr.*	Baumart	Sorte
12	Pflaume/Zwetschge	The Czar
13	Birne	Köstliche von Charneux
14	Pflaume/Zwetschge	The Czar
15	Pflaume/Zwetschge	Bühler Frühzwetschge
16	Birne	Vereinsdechantsbirne
17	Birne	Gute Graue
19	Apfel	Wiesenapfel
21	Pflaume/Zwetschge	Bühler Frühzwetschge
22	Apfel	
23	Apfel	Doppelter Härtling
24	Apfel	Purpurroter Cousinot
26	Pflaume/Zwetschge	Bühler Frühzwetschge
30	Apfel	Jakob Fischer
34	Birne	Deutsche Nationalbergamotte
35	Birne	Gräfin von Paris
36	Apfel	Purpurroter Zwiebelapfel
38	Apfel	Finkenwerder Herbstprinz
39	Birne	Aleander Lucas
42	Pflaume/Zwetschge	Wangenheimer Frühzwetschge
44	Pflaume/Zwetschge	The Czar
45	Birne	Williams Christbirne
47	Apfel	Weißer Winterglockenapfel
48	Birne	Pitmaston Duchesse
49	Apfel	Altländer Pfannkuchenapfel
53	Pflaume/Zwetschge	Wangenheimer Frühzwetschge
54	Pflaume/Zwetschge	
58	Apfel	Schick's Rheinischer Landapfel
59	Birne	
60	Birne	
61	Birne	Williams Christbirne
64	Apfel	
65	Apfel	
66	Pflaume/Zwetschge	Wangenheimer Frühzwetschge
67	Birne	Köstliche von Charneux
70	Apfel	Notarisapfel

* nach Baumkataster (Quelle: Gemeinde Hille, Fachbereich Planen und Bauen)

Obstbaumallee am Windmühlenweg

Am Windmühlenweg in Nordhemmern ist noch eine bunt gemischte Obstbaumallee in Resten erhalten geblieben. Die Straße führt von Süden kommend direkt zur Greftmühle, einer im Jahr 1838 aus grobem Portasandstein erbauten Wallholländermühle. Auf einer Länge von rund 500 Metern verteilen sich 25 Apfel-, Birnen-, und Kirschbäume, die zwischen 20 und 50 Jahre alt sind. Über die Jahre hinweg haben sich große Abstände gebildet. Von einer Allee lässt sich kaum noch sprechen.

So stellte sich die Situation bis zum Herbst 2019 dar. In einer außergewöhnlichen Aktion hat dann aber bürgerschaftliches Engagement in Nordhemmern dafür gesorgt, dass in Zusammenarbeit mit der Gemeinde Hille aus einem Restbestand wieder eine vollständige Allee wurde. Im Abstand von 15 Metern pflanzten Aktive aus den örtlichen Vereinen am 16. November 2019 insgesamt 35 Hochstämme – bei Temperaturen um 5 Grad, Nieselregen und heftigem Wind wahrlich eine beeindruckende Leistung.

Das kulturlandschaftsprägende Mühlenbauwerk und die nun wieder vollständige Obstbaumallee passen gut zusammen und bereichern als Ensemble die westfälische Mühlenstraße.

Bleibt noch nachzutragen, dass sich die Pflanzaktion auch auf die benachbarte Detzkämper Straße bezog.

Eine rundum gelungene Maßnahme, die Bauhofleiterin Dagmar Meinert gern auf das ganze Gemeindegebiet ausgedehnt sähe. ●

▶ Vor den Neupflanzungen war der Windmühlenweg als Allee kaum noch wahrnehmbar.

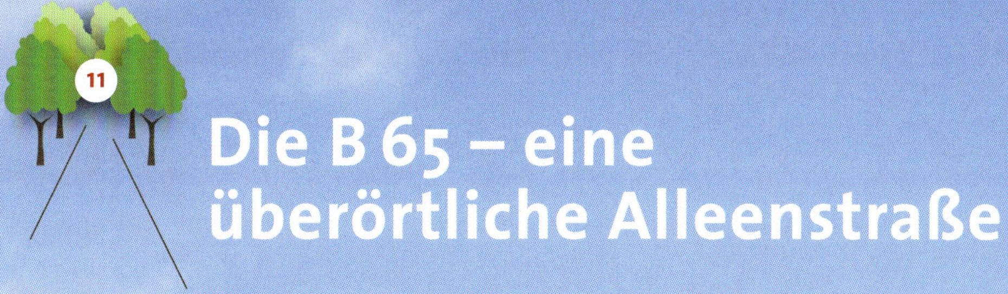

Die B 65 – eine überörtliche Alleenstraße

Auf den ersten Blick fällt es gar nicht auf, dass die entlang des Wiehengebirges führende B65 zwischen Minden, Hille, Lübbecke und Preußisch Oldendorf zum Thema »Alleen« einiges zu bieten hat. Beim Ausbau entstanden ab 1989 mehrere Baumreihen neu. Es bot sich an, dieses Porträt der Gemeinde Hille zuzuordnen, da zwei längere Alleenabschnitte, die 2002 angelegt wurden, westlich und östlich von Unterlübbe liegen.

In der Innenstadtlage von Minden beginnt es erst einmal mit einer älteren Allee. Zwischen Hohenstaufenring und Schwabenring besteht diese auf etwa 750 Metern Länge vorrangig aus Linden. Auffällig sind allerdings zwölf alte Rosskastanien, von denen zehn Exemplare auf der Südseite und zwei an der nördlichen Straßenseite stehen. Vermutlich sind sie inmitten der ungleichförmigen Baumreihen der Rest einer ursprünglichen Kastanienallee.

◀ Eine der großen Linden, die von der alten Bundesstraße übrig blieben, mit den Neuanpflanzungen im Hintergrund (Gemeinde Hille zwischen Unterlübbe und Eickhorst)

Bevor wir hinter Haddenhausen auf den nächsten Alleenabschnitt stoßen, lohnt ein Blick auf das Schloss Haddenhausen und seinen Zufahrtsweg. Zum Schloss selbst führt zwar keine Allee, wie man vermuten könnte; allerdings steht an der Westseite des Schlossweges eine bemerkenswerte Baumreihe. Sie besteht aus 15 Hainbuchen, die durch permanente Schnittmaßnahmen zur Kugelform erzogen wurden. Die nur etwa 4 Meter hohen Bäume stehen im Abstand von rund 8 Metern in Reih und Glied, beginnend an der Hauptstraße bis zum Anfang der Gutsanlage. Jeweils ein Rotdorn und ein Schwarzer Holunder haben sich zusätzlich eingeschlichen. Auch sie erhielten den Formschnitt. Die bizarre Form der spannrückigen Hainbuchenstämme mit zahlreichen Ausbuchtungen hinterlässt einen bleibenden Eindruck. Wie alt wohl diese ungewöhnlichen Baumgestalten sein mögen? Und hatten die Kronenschnitte seinerzeit gestalterische Gründe? Vielleicht sollte der Blick auf die am Wegesrand liegende Schlosskapelle nicht leiden. Sie wurde, nachdem das Weserrenaissanceschloss 1616 fertiggestellt war, im Auftrag von Lucia von dem Bussche erbaut. Bemerkenswert ist auch die langgezogene einheitliche Hainbuchenhecke auf der gegenüberliegenden Wegseite. Diese Kombination aus Baumreihe und Hecke, zumal aus einer Gehölzart, ist sehr ungewöhnlich – geradezu ein »Alleen-Paradox«.

Doch zurück zur B 65. Der an der Mindener Stadtgrenze liegende Alleenabschnitt markiert den Beginn einer Abfolge von vier neuen Pflanzstrecken, die – bedingt durch den Straßenausbau um die Jahrtausendwende – entstanden. Das Alleenbild ändert sich nunmehr ständig. Mal stehen die Bäume – übrigens alles Linden – nahe der Straße, durch Schutzplanken abgeschirmt, dann wieder weiter entfernt mit zusätzlich variierenden Pflanzabständen. Auffällig ist zudem der in früheren Kurvenlagen noch vorhandene alte Straßenverlauf. Die Fahrbahnreste wurden teilweise zu Radwegen umgebaut oder dienen als Parkplatz. Einige Linden der alten B 65 konnten dadurch vorerst erhalten bleiben. In Kombination mit den dazwischen stehenden Jungbäumen und der daneben verlaufenden Ausbaustrecke ergibt sich ein wieder neues Alleenbild.

Die Vielfalt der Gehölzstrukturen wird an einigen Stellen noch durch Hecken zwischen den Bäumen erhöht. Eine an der Hiller Gemeindegrenze beginnende Pflanzstrecke fällt besonders ins Auge. Obwohl es sich gar nicht um eine Allee handelt, hinterlässt die dortige, fast einen Kilometer lange Lindenreihe einen starken Eindruck. Eine solche Baumreihe nennt man übrigens im Schweizer Fachjargon »Halballee«, wie es Michel Brunner in seinem prächtigen Bildband »Alleen der Schweiz« formuliert.

In Lübbecke wartet zwischen Eilhausen und Gehlenbeck dann noch eine Überraschung. Auf 150 Metern Länge stehen dort insgesamt 20, teils ältere Linden beidseitig der Straße Spalier. Sie vermitteln für einen Moment den Eindruck einer ehrwürdigen, stellenweise geschlossenen Allee.

Ungewöhnlich ist nebenan eine Reihe von elf großen Säulenpappeln, heutzutage schon fast eine Seltenheit. Sie lassen erahnen, wie vor 200 Jahren Chausseebepflanzungen aussahen. Doch danach endet vorübergehend der Alleecharakter.

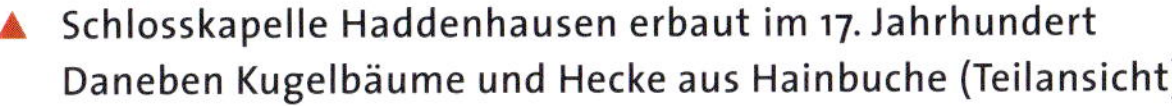

▲ Schlosskapelle Haddenhausen erbaut im 17. Jahrhundert
Daneben Kugelbäume und Hecke aus Hainbuche (Teilansicht)

▲ Starke Rosskastanie am Ende des ersten Alleenabschnitts in Minden-Rodenbeck

▲ Junge Lindenallee im Hiller Gemeindegebiet; links das Wiehengebirge

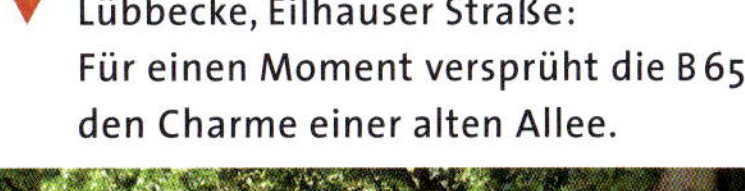

▼ Lübbecke, Eilhauser Straße:
Für einen Moment versprüht die B 65 den Charme einer alten Allee.

Erst hinter Blasheim taucht der vorerst letzte Alleenabschnitt auf. Erneut sind es Linden, die auf 950 Metern Länge bis Bad Holzhausen geschützt hinter Leitplanken die Allee bilden. Leider fällt an dieser Stelle überdeutlich ein unsensibler Gehölzschnitt auf. Mehr Rücksicht auf ihre Lebensbedingungen würde den Bäumen gut tun, ist aber leider vielerorts noch keine Selbstverständlichkeit.

Damit ist der vorläufige Abschluss auf der 34 Kilometer langen Strecke von Minden nach Preußisch Oldendorf erreicht. Immerhin fast 5 Kilometer Alleen sind zusammengekommen. Ihre landschaftsästhetische und ökologische Wirkung werden sie – gute Pflege vorausgesetzt – erst mit zunehmendem Alter entfalten. Einen Schlussakkord kann schließlich noch die letzte anstehende Ausbaustrecke bei Offelten setzen. Dem guten Ruf, den das Land Nordrhein-Westfalen im Engagement für Alleen bundesweit genießt, kann an dieser Stelle mit einer Musterpflanzung weiter entsprochen werden. ●

▼ Alleenabschnitt zwischen Blasheim und Bad Holzhausen vor der Kulisse des Wiehengebirges

Lindenallee im Gewerbepark Hartum-Ost

Nur selten findet man Alleen in Gewerbegebieten. Warum eigentlich? Gerade in den stark versiegelten, vielfach mit gleichförmigen großen Gebäuden, Hallen und Lagerplätzen bebauten Flächen sowie Straßen mit starker Verkehrsbelastung durch Lkw haben Bäume eine wichtige ausgleichende Funktion.

Ein diesbezüglich gelungenes Beispiel ist der 10 Hektar große Gewerbepark Hartum-Ost. Er liegt an der Gemeindegrenze zwischen Hille und Minden zwischen der L 766 im Süden und den Gleisen der Mindener Kreisbahn im Norden. 1999 hat die Gemeinde Hille die Haupterschließungsstraße beidseitig mit Linden bepflanzen lassen. Insgesamt 47 Bäume sind gegenständig angeordnet im Pflanzabstand von 10 Metern gesetzt worden. So entstand eine 300 Meter lange kompakte Allee, die nur an den Grundstücksausfahrten unterbrochen ist. Zusammen mit einer kleinen Grünanlage im mittleren Bereich verleiht dieses Gestaltungselement dem Begriff Gewerbepark Sinn.

Vor allem in älteren Gewerbegebieten dominiert vielfach nur monotones Abstandsgrün auf eingeengten Pflanzflächen. Dabei müssten gerade auf diesen Standorten mit hoher Versiegelungsrate und damit einhergehenden starken Temperaturanstiegen im Sommer sowie der Feinstaubbelastung mehr Bäume eingeplant werden. Leider hinterlassen Wetterextreme aber auch bei ihnen sichtbare Spuren. Verschiedene Forschungsprojekte suchen derzeit nach Bäumen mit den besten Zukunftschancen. Diese sogenannten »Klimabäume« könnten gerade in Gewerbegebieten gut auf Trockenheits- und Hitzestresstoleranz getestet werden. ●

▶ **Außergewöhnlich – eine kompakte Allee im Gewerbegebiet!**

Hüllhorst

13 **Ulenburger Allee**

14 **Mischallee an der Großenberkener Straße**

15 **Birnenallee in Oberbauerschaft**
Ein Vorschlag

◄ Großenberkener Straße – Blickrichtung Wiehengebirge

Ulenburger Allee

Ortskundige werden einwenden, dass sich die Ulenburger Allee gar nicht in der Gemeinde Hüllhorst befindet. Das stimmt. Sie liegt Luftlinie etwa einen Kilometer jenseits der südlichen Gemeindegrenze in der Stadt Löhne. Wegen ihrer besonderen Bedeutung darf sie aber nicht fehlen.

Auf einer Länge von 2 Kilometern verbindet sie Schloss Ulenburg mit dem ehemaligen Rittergut Haus Beck im Stadtteil Mennighüffen. Beide Herrensitze gehörten im 18. Jahrhundert vorübergehend zusammen. Obwohl eine große Zahl von Eichen die Straße säumt, von denen die stärksten einen Stammumfang bis zu 4,50 Meter aufweisen, haben wir es mit einer Mischallee zu tun, in der in größeren Stückzahlen auch Kastanien und Linden vorkommen. Die Allee beginnt südwestlich des Wasserschlosses am Ulenburger Wald, führt mit leichten Biegungen in südöstlicher Richtung durch die Feldmark, danach durch eine kleine Siedlung und endet schließlich wiederum in der freien Landschaft mit 120 Linden und Kastanien.

Parallel verläuft auf der Ostseite in gebührendem Abstand der Remerloh-Mennighüffer Mühlenbach. Er ist namensgebend für ein Naturschutzgebiet, das mit 226 Hektar das größte im Kreis Herford ist. Ein weitverzweigtes Sieksystem führt entlang der Hüllhorster Gemeindegrenze hinauf zum Wiehengebirge, wo westlich der Freilichtbühne »Kahle Wart« in Oberbauerschaft der Quellursprung liegt.

Der Begriff »Siek« wird schwerpunktmäßig im Ravensberger Hügelland verwendet. Er beschreibt einen von Menschenhand geschaffenen kastenförmigen Taleinschnitt mit dem Ziel, auf der Sohle Grünlandbewirtschaftung zu ermöglichen. Über die Bedeutung des Flurnamens »Siek« im östlichen Westfalen kann man sich im Buch von Gisbert Strotdrees mit dem geheimnisvollen Titel »Im Anfang war die Woort« ausführlich informieren.

Auch die Ulenburg selbst ist von naturschutzfachlichem Interesse. Auf dem Dachboden haben sich Fledermäuse der Art Großes Mausohr eine Wochenstube eingerichtet. Der Standort ist von derart großem Wert, dass er in das europäische Schutzregime »Natura 2000« aufgenommen wurde. In gleicher Weise sind auch Fortpflanzungsstätten an der Sparrenburg in Bielefeld und der St. Johannis-Kirche im Ortskern von Rahden geschützt.

◀ **Behutsame Baumpflege in der Ulenburger Allee mit Seilklettertechnik, März 2020**

Die herausragende Ulenburger Allee ist also naturschutzfachlich in guter Gesellschaft. Da die Straße eine Sackgasse ist, fällt beim Spazierengehen unter dem geschlossenen Kronendach wohltuend der fehlende Durchgangsverkehr auf. Zum Alter der Alleebäume gibt es eine Einschätzung von Thomas Bufe. In seinem Führer durch Gärten und Parks in Ostwestfalen-Lippe aus dem Jahr 2000 schätzt er die ältesten Eichen auf über 200 Jahre, viele weitere auf 140 Jahre und die Linden und Kastanien am südlichen Ende auf 80 Jahre. Manche Bäume lassen sich zwar nicht zweifelsfrei der Allee zuordnen, insgesamt 450 sind es aber mindestens.

▲ **Blick auf einen Teil der Ulenburger Allee – dahinter im Wäldchen die Ulenburg**
Foto: Kreis Herford

Mischallee an der Großenberkener Straße

In Hüllhorst auf eine interessante Allee zu stoßen, ist kein leichtes Unterfangen. Im kleinsten Ortsteil Bröderhausen habe ich sie gefunden. In der Nähe der alten Schule beginnt sie und führt Richtung Norden am Friedhof entlang bis zum Taleinschnitt des Meier-Sieks. Auf 500 Metern Länge wechseln sich Ahorn, Linde und Eiche ab. Sie ergeben ein erstaunlich einheitliches Gesamtbild. Die 43 Alleebäume stehen in unterschiedlichen Abständen. Teilweise sind sie gegenständig angeordnet und bilden dann auch ein geschlossenes Blätterdach. Das Alter der Bäume liegt bei etwa 50 Jahren. Erfreulicherweise sind zwei Nachpflanzungen mit Eichen in den Lücken bereits erfolgt. Diesen dürften aber noch Weitere folgen.

▼ Alleebäume an der Großenberkener Straße – Blickrichtung Bad Oeynhausen

Am nördlichen Abschluss der Allee fällt der Blick auf tiefer gelegene Flächen, die beidseits der Straße den Anfang eines Siekstranges bilden. Im Biotopkataster wird die 6 Hektar große Fläche als »Siek zwischen Großenberken und Schnette« bezeichnet. In diesem Verzeichnis, das im Internet öffentlich zugänglich ist, erfasst das Landesamt für Natur, Umwelt und Verbraucherschutz Nordrhein-Westfalen (LANUV) die schutzwürdigen Lebensräume des Landes. Ein von der Rotbuche dominierter Gehölzbestand, ein kleiner naturnaher Bachlauf, Baum- und Strauchreihen an den Hangkanten und Grünland auf der Sohle sind die wertgebenden Merkmale. Der noch wenig beeinträchtigte Landschaftsteil gehört zum Sieksystem des Schnathorster Baches. Verfolgt man den Gewässerverlauf weiter, erreicht man über den Tengerner Bach Schloss Ulenburg, mit seinen im vorangegangenen Porträt dargestellten Hotspots des Naturschutzes.

Die Landschaft im stark zersiedelten Ravensberger Hügelland lebt von den Sieksystemen und auch ein wenig von den Alleen, wie der an der Großenberkener Straße, deren Lage auf der Anhöhe sie zu etwas Besonderem macht. ●

▼ Der Standort auf der Anhöhe bringt die Alleebäume in besonderer Weise zur Geltung.

Birnenallee in Oberbauerschaft

Ein Vorschlag

Die geringe Zahl von Alleen in der Gemeinde Hüllhorst sollte Ansporn sein für lokale Initiativen zur Neuanlage. Es gibt verschiedene Möglichkeiten. Hierzu ein Beispiel: Am sonnenverwöhnten Südhang des Wiehengebirges bietet sich die Pflanzung von Obstbäumen an. Von der Oberbauerschafter Straße zweigt der Kniebrink, eine kleine, zum Waldrand führende, wenig befahrene Gemeindestraße ab. Weder Baum noch Strauch stehen am Wegesrand. Wie schön wäre es, die monotone Asphaltfläche in eine blühende Obstbaumallee zu verwandeln. 60 Birnenhochstämme – aufgrund ihres schlanken Wuchses sind sie am besten geeignet – verteilt auf der 300 Meter langen Strecke, hätten ausreichend Platz.

Die neue Allee wäre ein großer Gewinn für das Wiehengebirgsvorland. Und der Naturpark TERRA.vita, in dessen Gebietskulisse wir uns befinden, wäre um eine Sehenswürdigkeit reicher. ●

▼ Der baumlose Gemeindeweg hinauf zum Wiehengebirge

Lübbecke

16 **Kastanien- und Kirschenallee am Gut Stockhausen**

17 **Renkhauser Allee**

18 **Obstbaumallee an der Aspeler Straße**

19 **Obernfelder Allee**

20 **Städtischer Friedhof**

◀ Blühende Obstbaumallee an der Aspeler Straße kurz nach Sonnenaufgang – Foto: Robert Credo

Kastanien- und Kirschenallee am Gut Stockhausen

Stockhausen ist ein kleiner Ortsteil von Lübbecke mit Resten wertvoller dörflicher Bausubstanz, kulturellem Engagement und einer geschichtsträchtigen Burg, in deren Umfeld wir auf zwei besondere Alleen treffen. Die Umgebung der ehemaligen Wasserburg ist landschaftlich sehr reizvoll. Feldgehölze, Hecken, Streuobstwiesen und Baumreihen wechseln sich kleinräumig ab. Auch eine Gräfte mit Schilfzonen sowie eine Erbbegräbnisstätte mit alten Bäumen gehören zu den wertgebenden Landschaftselementen.

Das Burgensemble besteht aus Herrenhaus, Wirtschaftsgebäuden, Ecktürmen, Torhaus und Gartenanlagen sowie einer Gutsallee, die allerdings nur noch in Resten erhalten ist. 19 meist efeuumrankte Rosskastanien mit einem Stammumfang bis zu 3,70 Meter säumen den 180 Meter langen Weg am Westrand der Gutsanlage. Einige Lücken sind entstanden und der Zustand der Bäume lässt vermuten, dass diese noch zunehmen werden. In den Zwischenräumen stehen einige junge Kastanien, die sich teils selbst ausgesamt haben. Mittlerweile deutlich zu erkennende Verwilderungstendenzen im hinteren Bereich erscheinen an dieser Stelle gar nicht als Problem, verleihen sie vielmehr dem kleinen verwunschenen Feldweg seinen ganz eigenen Charme. Eigentümer, Denkmalpflege und Naturschutz stehen nun vor der Frage, wie mit der einst mächtigen Allee umzugehen ist. Man darf gespannt sein!

In schnurgerader Verlängerung nach Norden folgt ein zweiter Teil, der den Friedhofsalleen zuzuordnen ist. 54 stattliche Rosskastanien stehen am leicht befestigten Erdweg Spalier. Mit ihrem geschlossenen Kronendach vermittelt die 150 Meter lange Allee einen homogenen Gesamteindruck. Eine schöne Idee hatte die Dorfgemeinschaft Stockhausen, die auf einer kleinen Tafel am Eingang die wichtigsten Informationen wie folgt zusammengefasst hat: »Der Verlauf der Kastanienallee zeigt, dass sie nicht nur als Weg zum Erbbegräbnis der Familie von der Recke angelegt wurde. Der ältere südliche Teil hätte dafür keine Funktion. Es ist zu vermuten, dass hier Elemente einer barocken Gartenanlage erkennbar sind. Die Kastanien im südlichen Teil sind sicherlich über 200 Jahre alt, die im nördlichen Bereich, am Weg zum Friedhof, sind wesentlich jünger.«

◀ **Blick in den nördlichen zum Erbbegräbnis führenden Teil der Kastanienallee**

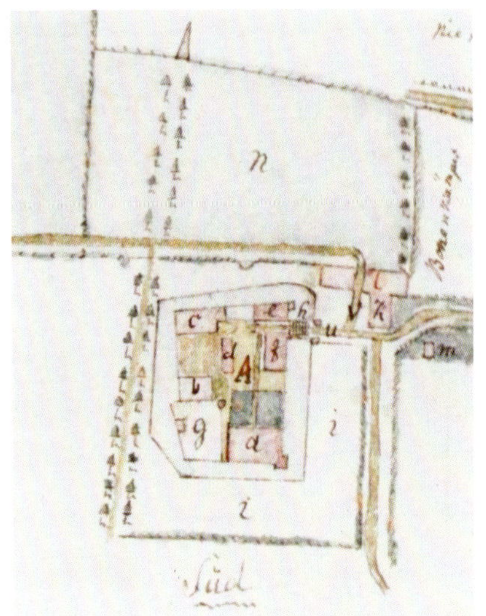

Die kolorierte Karte aus dem Jahr 1793 zeigt die Gutsgebäude mit einer Alleendarstellung auf der Westseite. Auch der zur Erbbegräbnisstätte führende nördliche Teil ist bereits eingezeichnet.
(Privatbesitz Prof. Dr. Hans Werner Schürmann, Gut Stockhausen)

Durchschreitet man die ohne erkennbare Symmetrie angeordneten Baumreihen bis zum Eingang des denkmalgeschützten Friedhofs, folgt eine weitere Tafel mit allem Wissenswerten zur Erbbegräbnisstätte. Vorbildlich!

Genau zwischen den beiden Teilen der Kastanienallee quert die in Ost-West-Richtung verlaufende Kirschenallee. Sogar der offizielle Straßenname lautet so. Sie beginnt nördlich des Gutes und führt nach Westen Richtung Blasheim. Kirschbäume am Wegesrand wurden bereits zu Zeiten, als im Gut Obstanbau und -verkauf stattfanden, gewerblich genutzt. Es verblieben aber nur noch Restbestände, die von der Stadt Lübbecke auf Initiative des Turnvereins Stockhausen Mitte der 1970er-Jahre ergänzt wurden. Auch danach gab es vereinzelte Nachpflanzungen. So erfreuten bisher 26 Kirschbäume beidseits der kleinen Gemeindestraße im Frühjahr die Menschen mit ihrer Blütenpracht.

Kirschenallee · Neuanpflanzung

Im März 2020 gelang der Stadt Lübbecke dann Bemerkenswertes. 20 neue Kirschbäume kamen hinzu und verdoppelten den Alleenbestand nahezu. Auf 400 Meter Länge erstrahlt nun die einzige größere Kirschenallee im Kreis Minden-Lübbecke in neuem Glanze. Die Etiketten an den frisch gepflanzten Hochstämmen mit beachtlichem Umfang von 18 - 20 Zentimetern weisen alte Sorten wie Burlat und Dönissens Gelbe Knorpelkirsche aus.

Mit den Kastanien- und Kirschenreihen kann Stockhausen gleich auf zwei interessante Alleen verweisen. Vielleicht haben auch sie ein wenig dazu beigetragen, dass der Ort ab 1989 immer wieder sehr erfolgreich auf Kreis-, Landes- und Bundesebene am Wettbewerb »Unser Dorf soll schöner werden« – heute mit dem Titel: »Unser Dorf hat Zukunft« – teilgenommen hat. ●

▼ Kirschenallee · Altbestand

Renkhauser Allee

Die Renkhauser Lindenallee in Gehlenbeck wurde mehrfach in Bildbänden und Kalendern dargestellt. Sie dürfte eine der bekanntesten Alleen im Mühlenkreis sein. Vor allem ihre beachtliche Länge von rund 800 Metern beeindruckt. Hoch aufgeschossene, über 100 Jahre alte Linden säumen den zum Gut führenden Privatweg. Er ist mit wassergebundener Decke leicht befestigt und versprüht schon ein wenig den Charme einer alten Gutsallee, zu der sie hoffentlich heranreift. Abgesehen von einigen Lücken wölbt sich ein geschlossenes Kronendach über dem Weg und unterstreicht den harmonischen Gesamteindruck.Das heutige Gutshaus, ein zweigeschossiger Neo-Renaissancebau mit alten Bestandteilen, wurde um 1900 errichtet. Ein Landschaftspark mit wertvollem Baumbestand schließt sich an.

▼ Blick in die zum Gut führende Lindenallee

Weniger bekannt ist eine Eschenallee an der rückwärtigen Zufahrt zum Gut. Ihr Alter dürfte um die 50 Jahre betragen. Offensichtlich haben Sturmereignisse Lücken in die Baumreihen gerissen. Sie grenzt teilweise an eine Waldparzelle und ist daher eher unscheinbar. Aber eine Rarität ist die etwa 150 Meter lange Allee allemal.

Gleich nebenan liegt das »Große Torfmoor«. Das größte Hochmoor Westfalens hat eine wechselvolle Geschichte hinter sich. Bis in die 1960er-Jahre hinein schritten Entwässerung, Torfabbau und Bewaldung zum Leidwesen des Naturschutzes stetig voran. Erst mit Ausweisung von rund 500 Hektar Moorfläche als Naturschutzgebiet kam 1980 die Wende. Seitdem ist viel geschehen. Voraussetzung für alle durchgeführten Maßnahmen wie Wiedervernässung, Birkenbeseitigung und Lenkung des Besucherverkehrs war die Überführung des Moores in öffentliches Eigentum. Heute, 40 Jahre später, ist das »Große Torfmoor« ein Vorzeigeprojekt des Naturschutzes.

Mit dem 2013 eröffneten Besucherzentrum »Moorhus« schräg gegenüber der Renkhauser Allee am Amtsfreibad Gehlenbeck hat der Naturschutzbund Deutschland (NABU) eine eindrucksvolle Stätte der Umweltbildung geschaffen. Sie ist sehr erfolgreich gestartet und schnell zum Treffpunkt für moorkundlich Interessierte geworden. In einer umfangreichen Ausstellung werden die Entstehungsgeschichte und Entwicklung des Hochmoores bis in die heutige Zeit anschaulich präsentiert.

Allee und Moor, zwei völlig unterschiedliche Biotoptypen, sind in der Niederungslandschaft um Gehlenbeck in besonderer Ausprägung zu bewundern. Und das gleich doppelt, da auch das folgende Alleenporträt aus dem Nachbardorf Nettelstedt von dieser Verbindung handelt. ●

▼ **NABU-Moorhus am NSG »Großes Torfmoor«** – Foto: Lothar Meckling

18 Obstbaumallee an der Aspeler Straße

Die gut einen Kilometer langen gemischten Apfel- und Birnbaumreihen in Nettelstedt bilden die längste vollständig erhaltene Obstbaumallee im Kreis Minden-Lübbecke. 62 Apfelbäume und 75 Birnbäume säumen die Aspeler Straße, die in der Nähe der B 65 im Ortskern beginnt und in Richtung »Großes Torfmoor« bis zur Siedlung »Aspel« reicht. Die ältesten heute noch vorhandenen Bäume stammen aus der Zeit um 1955. Mehrmals erfolgte Nachpflanzungen – im größeren Umfang zuletzt 2008 mit 18 Apfelbäumen – haben dazu geführt, dass diese Allee bis heute nahezu vollständig erhalten blieb. Erfreulich ist das Engagement der Stadt Lübbecke, die ihr besonderes Augenmerk auf Erhaltung, Pflege und Ergänzung der Obstbäume richtet. Insofern wird diese Ausnahmeallee hoffentlich noch lange in ihrer ganzen Pracht die Landschaft zwischen Berg und Moor bereichern.

Gleich nebenan liegt der NABU-Moorschutzhof. Eine dort beheimatete Schafherde soll Pfeifengras, Heidekraut und Birkenanflug im Großen Torfmoor kurzhalten. Ihre einzige Aufgabe heißt: fressen, fressen, fressen, damit der offene Hochmoorcharakter erhalten bleibt. Und ganz nebenbei erfreut der Anblick blökender Schafe in großer Zahl auch die vielen Spaziergänger. ●

▼ Die längste Obstbaumallee des Kreises Minden-Lübbecke in voller Blüte

Obernfelder Allee

Am westlichen Stadtrand von Lübbecke führt die Obernfelder Allee in Nord-Süd-Richtung hinauf zum Rand des Wiehengebirges. Die Eichenallee ist etwa 130 Jahre alt. Das ergaben Jahrringanalysen an einem gefällten Baum. In der 460 Meter langen Allee befinden sich 114 Altbäume, dazu kommen einige Nachpflanzungen. Die Stammumfänge betragen im Mittel 2 Meter, die stärkste Eiche allerdings bringt es auf 3,80 Meter. Im südlichen Teil der Allee stehen die Bäume noch kompakt beieinander, weiter nach Norden im bebauten Bereich häufen sich die Lücken. In den letzten zwei Jahrzehnten haben Versiegelungen, Grabenräumungen und die Auswirkungen des Autoverkehrs einschließlich Anfahrschäden den Eichen stark zugesetzt.

Die Geschichte der Obernfelder Allee reicht deutlich weiter zurück, als es der aktuelle Baumbestand vermuten lässt. Bereits in der preußischen Generalstabskarte von 1837 ist sie verzeichnet. Sie führte zum Gut Obernfelde, das sich im Eigentum der Familie von der Recke befindet. Wie aus Anzeigen im Lübbecker Kreisblatt hervorgeht, hieß sie damals »Reck'sche« oder »Recken«-Allee. In einer Anzeige aus dem Jahr 1873 stand beispielsweise: »1½ Scheffelsaat gutes Ackerland in der Nähe bei Recken-Allee den Weg herunter ist auf 3 Jahre zu vermiethen. Nachzufragen beim Stuhlmacher Redeker.« Während sie damals eine typische Gutsallee war, gleicht der heutige Restbestand, der bis zum Hotel Quellenhof reicht, eher einer Stadtallee.

Vielleicht gehörten auch die beiden auf dem Krankenhausgelände neben der Kindertagesstätte stehenden mächtigen Naturdenkmal-Eichen einst zur Recken-Allee. Ihre Ausrichtung und ihr Abstand zueinander von rund 8 Metern lassen dies vermuten. Wie aus alten Karten ersichtlich, gab es früher noch eine zweite Allee. Sie führte vom Gut Obernfelde aus auf etwa 250 Metern Länge Richtung Westen. Heute ist an dieser Stelle nur noch eine große zusammenhängende Ackerfläche zu sehen. Einige Hundert Meter weiter kommt man zum Vierlindenbrink, einem geschichtlich herausragenden Ort am Nordrand des Wiehengebirges. An dieser früheren Gerichtsstätte steht noch der Rest einer 400-jährigen Thinglinde. Leider hat ein Blitzschlag den ehrwürdigen Baum nahezu zerstört. Allerdings lebt das Naturdenkmal durch einen neuen vehementen Stockausschlag weiter. Gerhard Dallmann hat in seinem Buch »Lieblich lind duften die Lindenbäume« die Historie des Thingplatzes mit seinem Lindenbestand beschrieben und in einer Federzeichnung den Ort sehr anschaulich festgehalten. ●

▲ Südlicher Teil der Obernfelder Allee am Hotel Quellenhof

Städtischer Friedhof

Auf dem 1839 eingeweihten städtischen Friedhof sind Alleen ein wesentliches Gestaltungsmittel. Durch ein schmiedeeisernes Tor im Norden – 2013 erneuert und vergoldet – betritt man sogleich die wertvollste der zahlreichen Alleen. Sie besteht aus Winterlinden und umrahmt den ältesten rechteckig angelegten Friedhofsteil an allen vier Seiten. Das Alleen-Karree mit insgesamt 69 Bäumen ist nur noch lückenhaft vorhanden, ohne erkennbaren durchgängigen Pflanzverband. Das Alter der bis zu 30 Meter hohen Bäume, die einen Stammumfang zwischen 2 und 3 Metern aufweisen, schätzen die Landschaftsarchitekten Bimberg auf 120 Jahre. 2011 erarbeitete das Fachbüro aus Iserlohn einen Pflege- und Entwicklungsplan, der fundierte Aussagen zum Bestand und den Planungszielen enthält. Ob die umlaufenden Wege bereits zur Einweihung 1839 Linden aufwiesen, lässt sich bisher nur vermuten. Vielleicht bringen konkretere Nachforschungen zur Friedhofsgeschichte hierzu noch Erkenntnisse.

Wie einem Pflanzplan von Otto Meier aus dem Jahr 1912 zu entnehmen ist, sah er für die Friedhofserweiterung hangaufwärts an den Rändern Robinienalleen in Kugelform vor. 18 Robinien, einstmals im Pflanzabstand von 5 Metern gegenständig angeordnet, bilden den Alleenrest. Die bizarr anmutenden Bäume mit deutlichen Zerfallserscheinungen erhielt man glücklicherweise. Sie danken es mit jährlichem Neuaustrieb. Noch eindrucksvoller präsentieren sich die sechs übrig gebliebenen knorrigen Robinien auf der gegenüberliegenden Seite, die immerhin noch eine Baumreihe bilden. Für die Mittelachse sah der »Meier-Plan« eine Allee aus rotblühenden Kastanien oder rotblättrigen Ahornbäumen vor. Zum Einsatz kamen Letztgenannte, die auch heute noch den Weg säumen. Auffälligstes Gestaltungselement an der Mittelachse ist eine Brunnengalerie, die in den Anfangsjahren des 20. Jahrhunderts ihr heutiges Aussehen erhielt. Die Wasserbecken sind nicht nur als Kunstwerk gedacht, ganz praktisch dienen sie auch zum Gießen des Blumenschmucks auf den Gräbern. Gemeinsam haben Brunnengalerie, stadtgeschichtlich bedeutsame Gräber und die vegetative Ausstattung dazu geführt, dass der Friedhof seit 1990 insgesamt unter Denkmalschutz steht.

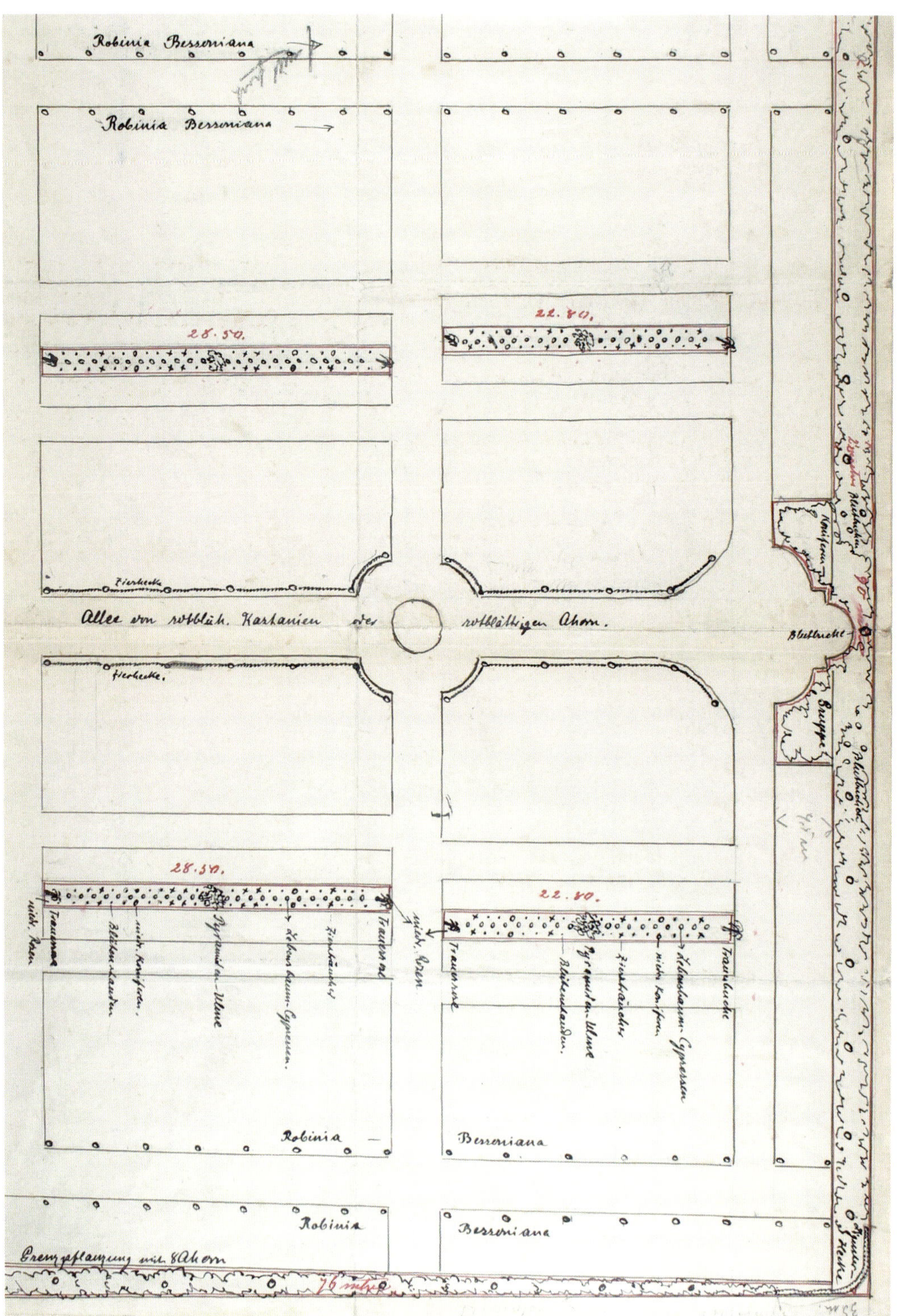
Robinia Besseriana
Robinia Besseriana
28.50
22.80
Allee von rotblüh. Kastanien oder rotblättrigen Ahorn.
28.50
22.80
Robinia
Besseriana
Robinia
Besseriana
Grenzpflanzung mit Ahorn

▲ Bis heute sind die beiden wesentlichen Gestaltungselemente aus dem nebenstehenden Plan erhalten geblieben. Die rotlaubige Ahornallee in der Friedhofsmitte setzt im Frühjahr den herausragenden Farbakzent.

▶ Eindrucksvoll sind auch die Reste der beiden Alleen aus Kugel-Robinien mit ihren knorrigen Stämmen.

◀ Auszug aus dem Pflanzplan des Friedhofs Lübbecke, 1912, nach Otto Meier, Staudengärtnerei und Baumschule, Tecklenburg i.W. (Stadt AL,CI-18.1,Bl.306)

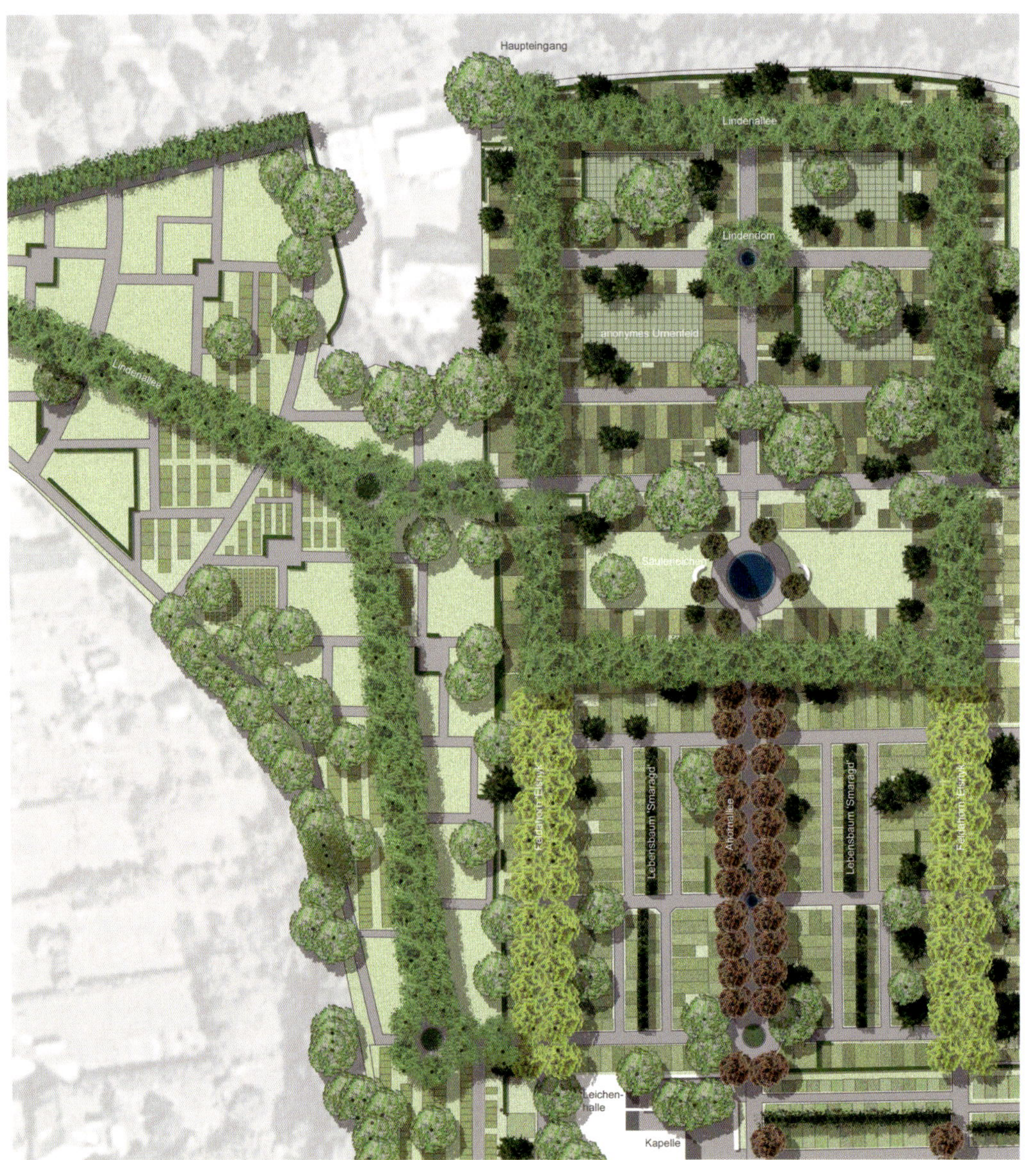

▲ **Ältester Friedhofsteil mit im Viereck angeordneter Lindenallee, westlich angrenzend die jüngste Friedhofserweiterung (1998) mit zentraler Lindenallee**
(Ausschnitt aus: Pflege- und Entwicklungsplan, Bearbeitung Bimberg, Landschaftsarchitekten, S. 32, 2011)

Ein breiter Zugangsweg führt von der Ostseite zur 1950 in Betrieb genommenen Friedhofskapelle. Ihn begleiten seit Kurzem hinter die vordersten Gräber gesetzte Baumreihen aus Säuleneiben. Damit gehören nun auch Nadelgehölze zum Alleenspektrum des Friedhofs. Doch auf der jüngsten Erweiterungsfläche hat man sich wieder am Ursprung orientiert und eine neue Lindenallee gepflanzt. Die Bäume sind gegenständig angeordnet und haben einen Pflanzabstand von 8 Metern.

Es ist bemerkenswert, dass der städtische Friedhof heute an allen drei Haupteingängen die Besucher mit Alleen empfängt. Aber nicht nur dadurch ist er naturschutzfachlich interessant. Die beachtliche Größe von fast 8 Hektar, der reichhaltige alte Baumbestand und die exponierte Lage nah am Wiehengebirge machen ihn zu einem wertvollen Lebensraum für Vögel und Fledermäuse, um nur die Bekanntesten zu nennen. Mittlerweile gehören gerade Friedhöfe zu den artenreichsten Biotopen der Innenstädte. ●

▲ Blick vom Nordeingang in den ältesten Friedhofsteil mit der Lindenallee, der »Robinien-Aspekt« schließt sich an.

frei

Minden

◄ Ginkgoallee in der Besselstraße

▲ Erntezeit

◀ Historisches Kopfsteinpflaster und Straßenobst – heutzutage ein seltener Anblick!

Obstbaumallee an der Meißener Dorfstraße

Es ist vor allem Ortsheimatpfleger Karl Heinz Drees zu verdanken, dass im Mindener Stadtteil Meißen das Straßenobst zu neuer Blüte gelangt. Besonders Apfelbäume haben sein Interesse geweckt, die heute an verschiedenen Stellen im Dorf wieder Platz gefunden haben. Durch seine Initiative ist unter anderem die kleine Allee am Holzweg deutlich aufgewertet worden.

Die älteste und interessanteste Wegeverbindung ist die Meißener Dorfstraße. Im Jahr 1880 wurde die Straße auf einer Länge von 2300 Metern ausgebaut. Für den Transport von Kohle aus der Zeche Meißen war es wichtig, den Fuhrwerken eine gute Wegebefestigung anzubieten, um gegenüber den Förderstätten in der Umgebung konkurrenzfähig zu bleiben. Die Kosten für das Meißener Gebiet beliefen sich einschließlich 384 Obstbäumen nach Angaben der städtischen Denkmalbehörde auf 24.800 Mark. Es ist nicht mehr nachzuvollziehen, welche Obstsorten damals Verwendung fanden. Die hohe Stückzahl lässt aber darauf schließen, dass nach dem Ausbau zur Chaussee beide Straßenseiten auf ganzer Länge bepflanzt wurden.

Heutzutage besteht noch das südliche Teilstück bis zur Ortsgrenze nach Lerbeck auf rund 500 Metern als Obstbaumallee. Eine Besonderheit ist das alte Basalt-Kopfsteinpflaster, das die Straße schmückt. So ist es nur folgerichtig, dass der gepflasterte Teil der Meißener Dorfstraße einschließlich der Seitenstreifen und des konstruktiven Aufbaus der Bettung seit 1992 unter Denkmalschutz steht. Zusätzlich wurde der Baumbestand 1993, lange bevor es in Nordrhein-Westfalen den gesetzlichen Alleenschutz gab, als geschützter Landschaftsbestandteil gesichert.

Abgängige Bäume in der Allee hat die Stadt Minden bereits mehrfach ersetzt. Die letzte größere Nachpflanzung erfolgte 2011. 15 Hochstämme ohne Ballen mit einem Stammumfang von 12 - 14 Zentimetern wurden gepflanzt. Jeweils drei Exemplare der Sorten Dülmener Rosenapfel, Geheimrat Oldenburg, Jakob Lebel und Schöner von Boskoop sowie die Birne Gute Luise von Avranches sind dokumentiert. Es ist aber noch genügend Raum vorhanden für weitere Ergänzungen.

Da Ortsheimatpfleger Karl Heinz Drees sein besonderes Augenmerk auf das so wichtige Straßenobst und hier besonders alte Apfelsorten gelegt hat, dürfte sich dieser Mindener Stadtteil zukünftig als »Apfeldorf« einen Namen machen. ●

▲ Birnbaumblüte an der Düpestraße
Im Hintergrund das Waldgebiet Heisterholz
Fotos: Robert Credo

Birnbaumallee an der Düpestraße

Mit 1,3 Kilometer Länge wäre sie die längste noch existierende Obstbaumallee im Kreis Minden-Lübbecke. Doch leider sind die ersten 600 Meter der Düpestraße im Mindener Stadtteil Todtenhausen nicht mehr als Allee vorhanden. In lockerer Anordnung steht an diesem bebauten Straßenabschnitt ein Restbestand von immerhin noch 31 älteren und jüngeren Birnbäumen.

Lässt man die letzten Häuser hinter sich, erstreckt sich dann aber auf 700 Metern Länge die heutige Birnbaumallee. Und sie ist ein echter Hingucker. Gerade zur Baumblüte im Frühjahr entfaltet sich die weiße Pracht in voller Schönheit. Insgesamt 106 Birnbäume mit einem Stammumfang bis zu 1,70 Meter stehen am asphaltierten Wirtschaftsweg. Er verbindet das Dorf mit dem nördlich gelegenen Waldgebiet des Heisterholzes. Es ist schon erstaunlich, dass in der ansonsten ausgeräumten Feldflur allein diese Obstbaumallee bis heute erhalten geblieben ist.

Nach Auskunft von Ortsvorsteher Walter Piepenbrink erinnern sich ältere Dorfbewohner aus Erzählungen daran, dass schon Anfang des 20. Jahrhunderts dort Birnbäume standen.

Die heutige Allee dürfte um die 60 Jahre alt sein. Die jüngeren Birnenhochstämme hat die Todtenhauser Dorfgemeinschaft in mehreren Aktionen – zuletzt 2010 – nachgepflanzt. Es bestände an dieser Stelle die Möglichkeit, die Allee in alter Länge wieder erblühen zu lassen.

Der früher auch in Todtenhausen weit verbreitete Straßenobstbau, der sogar für die B 61 nachweisbar ist, wird hoffentlich im Dorf auch in der Zukunft gefördert. ●

Alleen auf dem Nordfriedhof und im Botanischen Garten

Auf dem alten Mindener Friedhof zwischen Königstraße und Marienglacis sind noch zwei Lindenalleen in Restbeständen erhalten geblieben. Betritt man den denkmalgeschützten Friedhof durch das südliche Eingangstor, ist der Hauptweg bis zum Rondell mit insgesamt 16 Linden gesäumt. Sie verteilen sich auf 120 Meter Länge und vermitteln trotz mehrerer Lücken den Eindruck einer ehemals vollständigen Allee. Nur noch reliktförmig ist hingegen die vom Rondell zu beiden Seiten im rechten Winkel abzweigende Lindenallee vorhanden. Sie führt zu den Ausgängen an der West- und Ostseite. 14 alte Linden verteilen sich in unterschiedlichen Abständen auf 150 Meter Länge.

▲ Portalanlage des ehemaligen Friedhofs Dahinter beginnt eine der beiden kreuzförmigen Alleen.

▲ Blick in den Hauptweg hinter dem Eingangstor

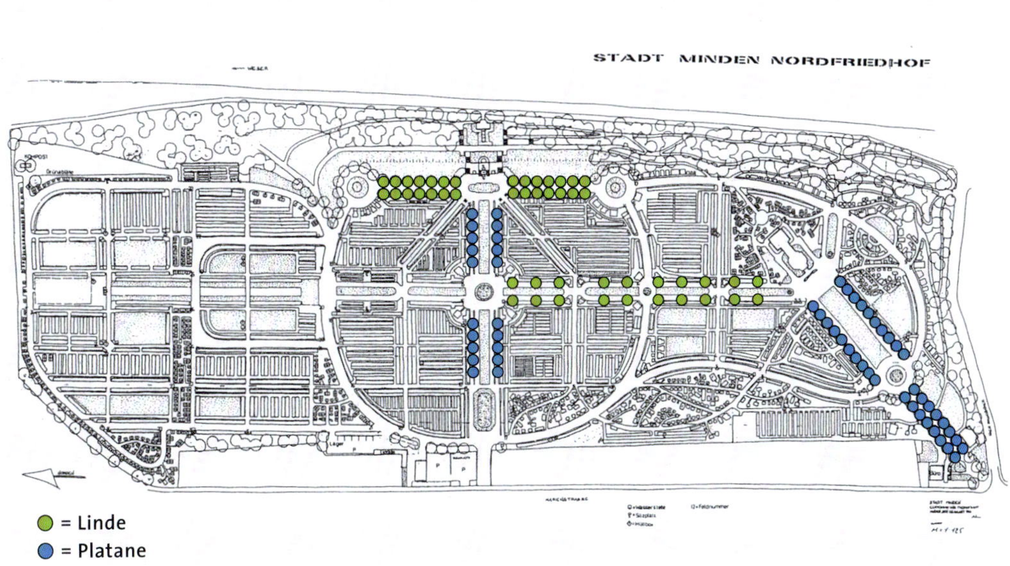

▲ **Plan des Nordfriedhofs (Städtische Betriebe Minden)**
Mit nachträglicher Einfärbung der Alleen

Erfreulicherweise gibt es Nachpflanzungen, so dass der ursprüngliche Alleecharakter nicht ganz verloren geht. Bis in die Anfänge des Friedhofs, der 1808 angelegt wurde, dürfte das Alter von zwei am Rondell stehenden Linden zurückreichen. Mit ihren mächtigen Kronen und einem Umfang von 2,60 Meter bzw. 3 Meter gehören sie zu den wertvollsten Baumgestalten der ehemaligen Ruhestätte.

Anfang des 20. Jahrhunderts verlegte die Stadt Minden wegen Platzmangels den Friedhof in den Norden des Stadtgebietes. Seitdem übernimmt der alte Friedhof eine neue Funktion als Parkanlage und wird auch als Botanischer Garten der Mindener Bevölkerung zur Erholung und für pflanzenkundliche Studien angeboten. Die heutige Grünanlage geht direkt über in das Mindener Glacis. Einst als preußische Befestigungsanlage gebaut, umgibt das etwa 4 Kilometer lange und zwischen 25 und 175 Meter breite Glacis fast die gesamte Innenstadt. Glacis und alter Friedhof sind in idealer Weise miteinander verbunden. Zusammen bilden sie die grüne Lunge Mindens.

Der neue Nordfriedhof entstand 1903 an der Marienstraße nahe der Schachtschleuse. Auch er steht aufgrund seiner Bauwerke, historischer Grabstätten und der Gestaltung unter Denkmalschutz. Die vom Mindener Stadtgarteninspektor L. Isermann entworfene Anlage weist sowohl geometrisch angeordnete Achsen als auch geschwungene Wegeführungen auf. Gleich hinter dem Haupteingang beginnt eine breite Platanenallee, die auf 300 Meter Länge bis zur Friedhofskapelle führt. Kurz davor linker Hand

▲ Blick in die Lindenallee am Hochkreuz

▼ Auf den Platanen der breiten Eingangsallee befinden sich auch einige Nester der geschützten Saatkrähen.

zweigt der schnurgerade wiederum breit angelegte Hauptweg ab, der zu den hinteren Friedhofsteilen führt. In der optischen Wahrnehmung tritt die einst diesen Weg auf etwa 400 Meter Länge dominierende Lindenallee heute in den Hintergrund. Die vor den Linden angeordneten Grabstellen, einst bevorzugte Begräbnisorte, mit ihrer hoch gewachsenen Bepflanzung aus Gehölzen wie Lebensbaum, Eibe oder Rhododendron haben bewirkt, dass der Alleecharakter sich dem Besucher erst auf den zweiten Blick erschließt.

Gänzlich anders erscheint das Aussehen der Lindenallee, die vor dem Hochkreuz zu beiden Seiten verläuft. Insgesamt 30 Linden stehen hier in klarer Formation lückenlos in einem Abstand von etwa 8 Metern beidseitig des Weges. Ein weitgehend geschlossenes Kronendach prägt das Erscheinungsbild dieser Allee, die an ihren Endpunkten jeweils in ein Rondell mündet, das als Lindenkreis gestaltet einen gelungenen Abschluss markiert. Die vierte Allee schließlich besteht wiederum aus Platanen und führt an zwei parallel verlaufenden breiten Wegen mit einer Rasenfläche in der Mitte vom Hochkreuz in gerader Linie zum Nebenausgang an der Marienstraße.

Aufgrund seiner Größe von 18 Hektar, des bis zu 100 Jahre alten Baumbestandes, seines Laubwaldgürtels in Hanglage und der daran anschließenden Weser ist dieser Friedhof auch für den Naturschutz von großem Wert. Es wird bei der Friedhofspflege alles getan, diesen Zustand zu erhalten. Eine artenreiche heimische Vogelwelt profitiert von der naturnah gestalteten Anlage. Verschiedene Spechtarten, Stare, Baumläufer, Zaunkönige und viele mehr leben auf dem Friedhof, ebenso Fledermäuse, die in der Dämmerung sich aufmachen, um über der direkt angrenzenden Weser nach Insekten zu jagen. Seine Einzigartigkeit in der Region hat der Nordfriedhof aber durch eine Saatkrähenkolonie erlangt, die sich vor allem auf den beschriebenen Alleen angesiedelt hat. Ursprünglich nisteten die Vögel auf der sogenannten »Kohleninsel« am benachbarten Mittellandkanal, die 1995 dem Kanalausbau weichen musste. Die von ihren Nistbäumen vertriebenen Vögel suchten auf dem Nordfriedhof eine neue Heimat und bauten auf den alten Bäumen ihre Nester. Bis heute hat sich dort eine stabile Brutkolonie erhalten, die allerdings im Frühjahr, zur Zeit von Nestbau, Brut und Jungenaufzucht wegen des lauten Gekrächzes und der Hinterlassenschaften der Vögel nicht nur Befürworter hat. In der Anfangszeit der Koloniebildung schlugen die Wellen der Empörung hoch. Mittlerweile hat sich aber ein gedeihliches Nebeneinander von Friedhofsbesuchern und den besonders geschützten Saatkrähen eingestellt. Hoffentlich können die Alleen des Nordfriedhofs noch lange den Saatkrähen dienlich sein. ●

▲ Nördlicher Teil der Eichenallee

▼ Aufwändiger Stammschutz an den Alleebäumen, Juli 2019
Auch auf die Vermeidung von Wurzelschäden wurde geachtet.

Eichenallee am Bierpohlweg

Einst diente der historische Bierpohlweg als Hauptverbindung nach Diepenau. Erst als 1861 die nahezu parallel verlaufende Stiftsallee als Chaussee ausgebaut wurde, verlor der Weg seine Verkehrsbedeutung. Der Name »Bierpohl« leitet sich vom niederdeutschen pol = Teich ab und bedeutet der Weg zum »Berens-pol«, einem in der Marienthorschen Weide gelegenen Teich.[4] Die Bezeichnung »Pohl« taucht im Kreis Minden-Lübbecke auch an anderen Orten auf, beispielsweise im Rahdener Ortsteil Varl. Hier liegt der »Schnakenpohl«, ein Heidegewässer, das bereits seit 1936 als eines der ersten Gebiete im heutigen Regierungsbezirk Detmold unter Naturschutz steht.

1899 wurde der Bierpohlweg neu chaussiert. Aus dieser Zeit stammen auch die meisten Eichen, die bis heute die Allee bilden. Eine massive Veränderung ergab sich 1911. Mit dem Bau des Mittellandkanals war der südliche Teil des Bierpohlweges abgeschnitten und endete als Sackgasse. In den Folgejahren entstand eine neue Anbindung an die Stiftsallee. Auch in diesem Abschnitt säumen Eichen die Fahrbahn. Neben Stieleichen fiel die Wahl auf Amerikanische Roteichen. Die Roteiche ist keine heimische Baumart, sondern ein sogenannter »Neophyt«, ein »Neubürger« unserer Vegetation, der seit 300 Jahren hier vorkommt. Wegen ihrer Robustheit und der schönen Laubfärbung im Herbst ist sie in Deutschland ein beliebter Park- und Alleebaum.

Betritt man die Allee von Norden kommend, so überrascht gleich am Anfang ein eindrucksvolles kompaktes Erscheinungsbild. Im Pflanzabstand von rund 10 Metern stehen dort ohne Lücke 22 mächtige Stieleichen. Im weiteren Verlauf fallen einige Unterbrechungen durch Hauseinfahrten, Querstraßen und nicht ersetzte Fehlstellen auf. Insgesamt 72 Alteichen mit Stammumfängen von 2,80 bis 4,40 Meter und zusätzlich einige Nachpflanzungen prägen auf gut 600 Metern Länge das Bild der kleinen Straße.

Doch es gibt auch Probleme. Baumaßnahmen an der Straße und der Einbau neuer Versorgungsleitungen setzen den Bäumen zu. Hoffentlich gelingt es, gute Lösungen für Anlieger und Eichen zu finden. Wer sich für Alleen interessiert, sollte den Mindener Bierpohlweg unbedingt besucht haben. ●

▲ Die Ginkgoallee in Dresdens Hans-Sachs-Straße leuchtet in ihrer beginnenden Herbstfärbung.
Foto: Marie-Luise Bügener-Meier

▼ Engelbert-Kaempfer-Gymnasium in Lemgo

Ginkgoalleen in der Bessel- und Gutenbergstraße

In Erinnerung an den in Minden geborenen Astronomen Friedrich Wilhelm Bessel (1784 – 1846) erhielt die Besselstraße 1891 ihren Namen. Einige Jahre später erfolgte ein chausseemäßiger Ausbau der Straße. Das seinerzeit verwendete Kopfsteinpflaster bildet auch heute noch den Straßenbelag. Mit dem Ausbau einher ging die Bepflanzung als Allee, die glücklicherweise bis heute erhalten geblieben ist. Wer mag hier wohl neben den damals üblichen Linden als Straßenbaum Ginkgo ausgewählt haben? Deutschlandweit gibt es nur wenige alte Ginkgo-Alleen. »Gelegentlich wird hierzulande Dresden als Stadt der Ginkgo-Alleen bezeichnet, da es einige besonders eindrucksvolle Straßenzüge mit dieser Baumart gibt«, schreibt der renommierte Baumexperte Andreas Roloff in einem Ginkgo-Porträt.[5] Als Beispiel sei die Dresdener Hans-Sachs-Straße genannt. Hier befindet sich eine als Naturdenkmal geschützte Allee, die altersmäßig vergleichbar mit der in Minden ist.

Der Ginkgo stammt aus China und wurde Mitte des 18. Jahrhunderts nach Deutschland eingeführt. Als erster Europäer hat ihn Engelbert Kaempfer (1651 – 1716) auf einer Forschungsreise nach Japan Ende des 17. Jahrhunderts kennengelernt und beschrieben. Die ungewöhnliche Schreibweise soll auf einen Fehler Kaempfers zurückgehen, der das japanische Ginkyo als Ginkgo las und so die spätere offizielle von Carl von Linné festgelegte botanische Bezeichnung begründete. Der Zusatz »biloba« steht für die Zweilappigkeit der Blattform. Engelbert Kaempfer stammt aus dem benachbarten Lemgo. Der Arzt und Asien-Forscher ist dort eine bedeutende Persönlichkeit. Das örtliche Gymnasium trägt seinen Namen, ebenso wie die Straße nebenan. Auch ein Denkmal erinnert an den berühmten Sohn der alten Hansestadt. Die medizinische Bedeutung, die diesem ungewöhnlichen Baum zugeschrieben wird, führte auch zur Aufnahme von zwei Exemplaren in das arboretum medicum am Mindener Johannes-Wesling-Klinikum (siehe Porträt 35). Zuerst in Parks und Gärten angepflanzt, setzte sich erst in jüngster Zeit die Erkenntnis durch, dass er sich aufgrund seiner Robustheit auch als Straßenbaum für die Innenstädte gut eignet.

In der Besselstraße haben die stärksten Ginkgobäume einen beachtlichen Stammumfang von etwa 2,20 Meter. Da auch immer wieder Nachpflanzungen erfolgten, besteht die Allee heute aus einer bunten Mischung alter und jüngerer Bäume in Kombination mit zahlreichen Linden. Auffällig sind die beiden Endpunkte der etwa 400 Meter langen Allee an der querenden Stifts- und Hahlerstraße. Jeweils zwei große Ginkgos mit Stammumfängen von nahezu 2 Metern stehen sich wie ein Eingangsportal markant gegenüber. Insgesamt besteht die Allee aus 37 Ginkgos und 28 Linden. Im mittleren Teil dominieren die Linden, während an den Rändern die Ginkgobäume ihren Schwerpunkt haben.

▲ Etikett am Jungbaum, bildlich in Szene gesetzt

Es ist erfreulich, dass dieses Alleenjuwel durch Nachpflanzungen auch für die Zukunft eine gute Perspektive hat. Ein kürzlich schräg gegenüber vom Finanzamt gepflanzter Hochstamm verrät auf seinem noch am Baum heftenden Etikett seine Personalien: Ginkgo biloba, 3 x v, 16-18, MDB. Das Fachchinesisch bedeutet, beginnend mit dem botanischen Artnamen, dass der Hochstamm in der Baumschule bereits 3x umgepflanzt (verschult) wurde, einen Stammumfang von 16 - 18 Zentimetern hat und mit Drahtballen geliefert wurde. Wenngleich der Ginkgo als stadtklimatolerantes Gehölz heutzutage sehr beliebt ist, darf nicht übersehen werden, dass es auch Probleme gibt. Die weiblichen Bäume sondern ein übelriechendes Sekret ab, das den Samen entstammt. Diese ähneln in Größe und Form Mirabellen und sind mit einer verholzenden Samenwand und einer fleischigen Hülle umgeben. Ab Frühherbst werden Anwohner und Passanten durch den Geruch stark belästigt. Auf der anderen Seite ist der Ginkgo ein besonderer Anziehungspunkt für Baum- und Fotobegeisterte, wenn seine Blätter sich im Herbst goldgelb färben. Schon ein einzelner Ginkgo fällt durch seine brillante Herbstfärbung und die ungewöhnliche Blattform auf; in einer Allee ist diese Wirkung noch ungleich größer. Seine Bewunderung für den Ginkgo drückte auch Johann Wolfgang von Goethe 1815 in seinem berühmten Gedicht »Ginkgo biloba« aus, weshalb er auch gelegentlich Goethebaum genannt wird.

Dem früheren städtischen Gartenamtsleiter Peter Reding und seinem Mitarbeiter Jürgen Meyer verdanken wir es, dass sich in der Gutenbergstraße eine weitere Ginkgoallee anschließt. Zwischen 1986 und 1988 legten sie die neue Allee an, die heute auf 150 Metern Länge 34 Bäume umfasst. Zum harmonischen Gesamteindruck trägt auch die alte Pflasterung mit Basaltsteinen bei. So werden beide Straßen hoffentlich noch lange den vielen Verehrern des geheimnisumwobenen Ginkgos als auch der Alleen Freude bereiten. ●

▶ Stammfuß eines der mächtigeren Ginkgobäume in der Besselstraße

▶ Besselstraße

▶ Gutenbergstraße

▲ Fasanenstraße mit den Baumhaseln an der rechten Straßenseite

▼ Rintelner Straße mit den Baumhaseln an der linken Straßenseite

Linden-Baumhasel-Alleen an Fasanenstraße und Rintelner Straße

Gleich zwei Besonderheiten weist die Allee in der Fasanenstraße auf. Zum einen besteht sie aus drei Baumreihen, zum anderen überrascht die Kombination von Linden und Baumhasel. Während der auf der Nordseite verlaufende Fußweg von Linden eingerahmt ist, stehen auf der gegenüberliegenden Straßenseite durchgehend Baumhasel. Insgesamt 61 Linden mit Stammumfängen zwischen 150 und 200 Zentimetern sowie 46 Baumhasel, die Stammumfänge zwischen 100 und 190 Zentimetern aufweisen, begleiten aktuell die Fasanenstraße. Die in Südosteuropa, Kleinasien und im Kaukasus beheimatete Baumhasel wird wegen ihrer Robustheit gern als Straßenbaum vor allem in innerstädtischen Lagen verwendet. Als Alleebaum kommt sie im Kreis Minden-Lübbecke allerdings nur selten vor. Beide Gehölzarten harmonieren in der Fasanenstraße erstaunlich gut. Die breit gedrungene bis eiförmige Krone der Baumhasel ähnelt sehr der Linde, wenn auch Letztere im Höhenwachstum deutlich stärker ist.

Die rund 550 Meter lange Allee endet am Südfriedhof. Biegt man links in den Hohenstaufenring ein, so setzt sich hier eine alleeartige Bepflanzung bestehend aus Rosskastanien, Linden und Ahornbäumen fort. Auf der Ostseite der Straße fällt eine Reihe von 20 älteren Walnussbäumen auf, die sich noch fast 100 Meter in die Fasanenstraße hinein fortsetzt. So entsteht der Eindruck, dass die Allee auf den letzten Metern sogar vierreihig verläuft.

Die Mischung von Linde und Baumhasel taucht noch in einer zweiten Mindener Allee auf. Gleich zu Beginn der Rintelner Straße pflanzte die Straßenbauverwaltung des Landes Nordrhein-Westfalen 1996 eine 300 Meter lange bis zur Überführung der B 65 reichende Allee. Wegen der Häuserfronten auf der Westseite hat man hier die kleiner bleibende Baumhasel gewählt, während auf der Ostseite eine lückenlose Reihe von 22 Linden steht. An dieser Stelle haben die Baumhaseln schon heute Probleme sich zu behaupten. Das Erscheinungsbild wird sich, ganz anders als in der Fasanenstraße, von einer klassischen Allee entfernen, da sich die kompakt stehenden Linden auf der Ostseite prächtig entwickeln, während die Baumhaseln, auch dem schwierigeren Standort geschuldet, im Wachstum deutlich zurückbleiben.

Lindenallee Graßhoffstraße

An der Graßhoffstraße in Todtenhausen befindet sich kurz vor der Einmündung in die B 61 der Rest einer älteren, weitgehend geschlossenen Lindenallee. 1894 erfolgte der Ausbau der Straßenverbindung von Stemmer über Kutenhausen und Todtenhausen bis nach Graßhoff. Es handelt sich um die heutige Kreisstraße 46.

Der Name »Graßhoff« bezeichnet ein ehemaliges, sehr beliebtes Ausflugslokal in schöner Waldrandlage. Sogar die Mindener Kreisbahn, die nah an der Allee vorbeiführte, hatte dort einen Haltepunkt. In der Blütezeit traf sich Jung und Alt zum Kaffeeklatsch und spazierte im angrenzenden Waldgebiet Heisterholz oder am nicht weit entfernten Weserufer entlang.

Anfang des 20. Jahrhunderts muss der noch erhaltene Alleenabschnitt gepflanzt worden sein. Ein genaues Pflanzdatum ist leider nicht auffindbar. Mit über 100 Jahren ist sie jedoch die letzte noch existierende Kreisstraßenallee jener Zeit im Altkreis Minden.

Die Bäume haben einen Stammumfang zwischen 2 Meter und 2,80 Meter. Sie sind gegenständig angeordnet. Der Pflanzabstand in der Reihe beträgt 12 Meter. Es fällt auf, dass die Bäume auf der Südseite der in Ost-West-Richtung verlaufenden Kreisstraße stärker sind und meist auch ihr Gegenüber an Höhe überragen. Auf beiden Straßenseiten haben Baumverluste Lücken gerissen. Dadurch leidet ein wenig der Gesamteindruck. Nur an dieser Stelle lässt sich jedoch eine Kreisstraßengestaltung mit Alleebäumen aus der Zeit Anfang des 20. Jahrhunderts im Mindener Raum ablesen. Es wäre der Bedeutung angemessen, wenn die Lücken durch Neuanpflanzungen geschlossen würden. Mit acht Jungbäumen, gepflanzt nach dem ursprünglichen Vorbild und mit der gleichen Baumart, wäre die Allee zumindest numerisch wieder vollständig. Sofern eine gute Pflege gelingt, kann dieses letzte Zeugnis einer alten Kreisstraßenallee in der Region noch eine Zeit lang leben. ●

Chance – Biotopverbund Kreisradweg

Vorgänger der Kreisradwege sind zwei ehemalige Bahntrassen der Mindener Kreisbahnen. 1897 begannen die Bauarbeiten für eine Bahnstrecke Minden-Stadt über Kutenhausen, Todtenhausen, Petershagen und Ovenstädt bis nach Uchte. Bereits im Dezember 1898 konnte die Schmalspurbahn von 1 Meter Spurweite als erste kommunale Bahnlinie eingeweiht werden. Fast sieben Jahre später war auch die Strecke Kutenhausen – Wegholm fertiggestellt, sodass sie am 01.08.1915 in Betrieb gehen konnte. Die Eisenbahnära auf beiden Strecken war trotz einer zwischenzeitlichen Umstellung auf die Normalspur nicht von langer Dauer.

Glücklicherweise entschied der Minden-Lübbecker Kreistag, die Bahntrassen im Eigentum zu behalten und sie in einen Radweg umzuwandeln. Am 27.05.1979 weihten Landrat Hermann Struckmeier und Oberkreisdirektor Dr. Rolf Momburg den neuen Kreisradweg von Kutenhausen nach Wegholm ein. Drei Jahre später folgte die Eröffnung des Kreisradweges von Todtenhausen nach Ovenstädt.

Wie aber sah die landschaftliche Einbindung der neuen Wegstrecken aus? Dazu müssen wir noch einmal zurückblicken auf die Anfänge des Eisenbahnbaus. Obwohl sich beide Streckenverläufe weitgehend in ebenem Gelände befinden, mussten einige Dammlagen und Einschnitte hergestellt werden. Dabei dienten Gehölzanpflanzungen der Stabilisierung der Böschungen. Ein naturschutzfachlich höchst interessanter Streckenabschnitt liegt zwischen Friedewalde und Südfelde. Auf etwa 300 Metern Länge verläuft die ehemalige Bahnlinie auf einem bis zu 3 Meter hohen Damm. Sie quert an dieser Stelle das Tal der Ösper, einem Bachlauf, der durch die Meßlinger Geest fließt und in Petershagen in die Weser mündet. Auf beiden Seiten der Böschung stehen Stieleichen dicht an dicht. Die Dicke der Stämme zeigt, dass sie zum Ursprung der Dammlage gehören. Viele der über 100 Jahre alten Eichen wurden zwischenzeitlich auf den Stock gesetzt. Sie sind dann mit zwei oder mehr Stämmlingen erneut emporgewachsen und bilden heute eine eindrucksvolle Baumkulisse. Ein solch bizarrer Eichenbestand ist an den beiden ehemaligen Bahnstrecken einmalig. Es ist in diesem Fall müßig, über die Einstufung als Allee zu rätseln. Es ist wichtiger, den Gehölzbestand als Ganzes zu betrachten und als »Eichen-Viadukt« dauerhaft zu sichern.

Alleenabschnitte in:

▶ Kutenhausen

▶ Todtenhausen

▶ Ovenstädt

Historische Fotos mit Landschaftsmotiven der Bahnstrecken sind eine Rarität. Auf den wenigen überlieferten Bildern ist zu erkennen, dass früher die ebenerdigen Streckenteile meist gehölzfrei waren.[6] Nur die Böschungslagen wiesen üppige Gehölzvegetation auf. Erst mit dem Umbau der beiden Bahnlinien zu Radwegen erfolgte eine, wie es damals hieß »lockere Eingrünung« der ebenen Partien. Gepflanzt wurden vor allem Stieleichen, aber auch eine Vielzahl weiterer Baumarten wie Hainbuche, Berg- und Spitzahorn, Rotbuche und Sandbirke gehörten zum Repertoire. An mehreren Stellen entstanden Baumreihen beidseits der Fahrbahn, die mittlerweile interessante Alleenaspekte aufweisen. Beispielsweise lassen sich entsprechende Strukturen in der Nähe des Sportplatzes von Kutenhausen oder an der Graßhoffstraße in Todtenhausen finden. Diverse Baumschäden trüben allerdings das Bild und größere Fällaktionen haben Lücken hinterlassen.

Eine ermutigende, etwa 30 Jahre alte Eichenallee schließt den Kreisradweg in Ovenstädt direkt an der Landesgrenze zu Niedersachsen ab. Sie ist 250 Meter lang und besteht aus 50 Eichen, die in unregelmäßigem Abstand in den jeweils etwa 2 Meter breiten Seitenräumen stehen. Bei guter fachgerechter Pflege kann sie sich zu einem Kleinod entwickeln.

Insgesamt sind die beiden jeweils 10 Kilometer langen Kreisradwege nicht nur für Freizeit und Erholung von großem Wert, auch naturschutzfachlich gebührt ihnen mehr Beachtung. Die Ränder bieten Raum für die Schaffung eines umfassenden linienförmigen Biotopverbundes. Neben heimischen Laubgehölzen, hochstämmigen Obstbäumen und Hecken können auch artenreiche Wegraine die Vielfalt erhöhen. Die Zeit ist reif, mit guten Fachkonzepten diesen Schatz zu heben. ●

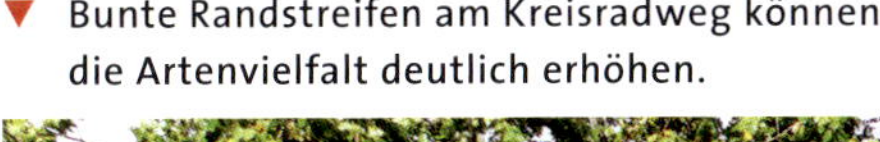

▼ Bunte Randstreifen am Kreisradweg können die Artenvielfalt deutlich erhöhen.

Petershagen

29 **Wildbirnenallee zwischen Hävern und Großenheerse**

30 **Schlüsselburger Lindenallee**

31 **Eichenallee Bollheide**

32 **Platanenallee zwischen Heisterholz und Petershagen**

33 **Alleen nah am Schleusenkanal Lahde**

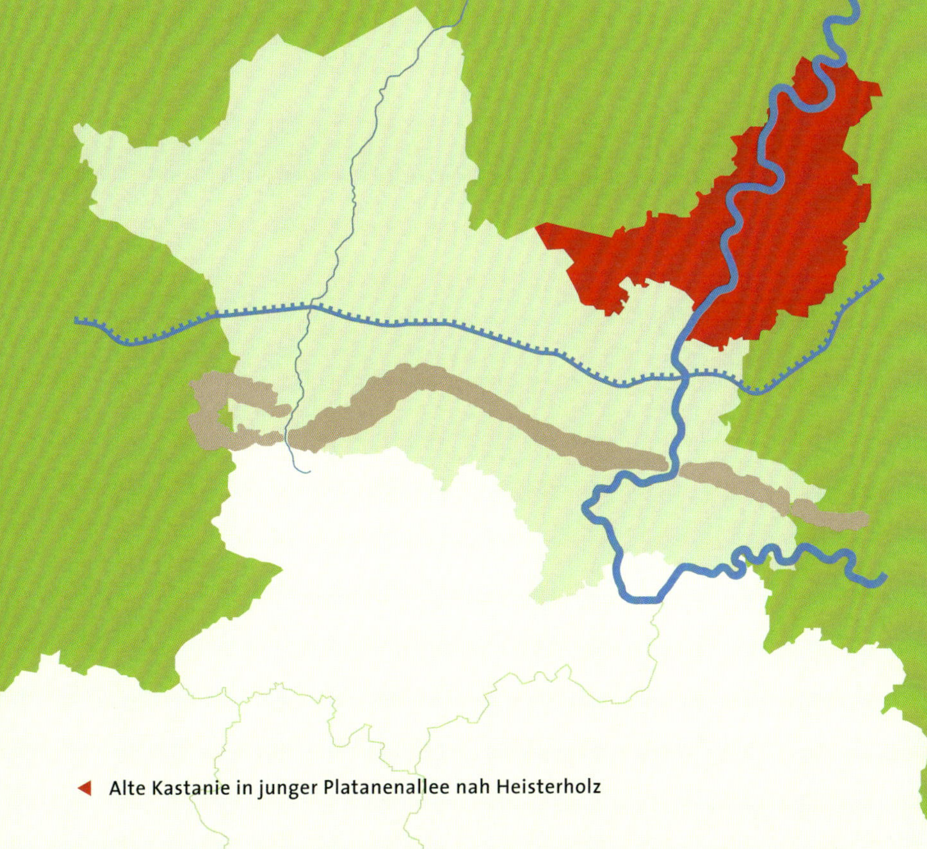

◀ Alte Kastanie in junger Platanenallee nah Heisterholz

Wildbirnenallee zwischen Hävern und Großenheerse

Eine noch junge, einen Kilometer lange Allee steht an der Kreisstraße zwischen Hävern und Großenheerse. Sie ist Ergebnis eines Projektes, das im Rahmen der Initiative des Landes Nordrhein-Westfalen zur Pflanzung von 100 neuen Alleen stattfand.

Entsprechend groß wurde auch die Einweihung am 30. April 2007 gefeiert. Im Beisein von Ministerpräsident Dr. Jürgen Rüttgers, der Bürgermeisterin von Petershagen Frau Marianne Schmitz-Neuland sowie der Dorfgemeinschaft Großenheerse und vieler weiterer Ehrengäste hat Wilhelm Krömer an seinem letzten Arbeitstag als Landrat die neue Allee eröffnet. Wilhelm Krömer verstarb 2017. Wie man hört, wird die Straße in Petershagen heute im Volksmund »Wilhelm-Krömer-Gedächtnisallee« genannt.

Zur Bepflanzung wählte die Straßenbauverwaltung Chinesische Wildbirnen der Sorte »Chanticleer«, von denen sie exakt 99 Exemplare im Regelabstand von 15 Metern gegenständig setzte. So erfolgreich diese Auftaktaktion auch gewesen ist, der erhoffte Aufschwung für weitere Alleenprojekte blieb leider aus. ●

◀ **Die Wildbirnenallee 12 Jahre nach ihrer Anpflanzung**

▶ **Zur Einweihung entworfene Infotafel** (Kreis Minden-Lübbecke, UNB)

Schlüsselburger Lindenallee

Einst führte vom östlichen Ortsausgang etwa in Höhe der Schlüsselburg eine Lindenallee bis in Wesernähe. Übrig geblieben sind von ihr zwei einzeln stehende starke Linden[7] mit einem Stammumfang von jeweils 3,20 Meter an der heutigen Kreisstraße 1 sowie eine 400 Meter lange Allee an der alten Fährstraße. Bis in die 1950er-Jahre verlief hier die Straßentrasse. Sie führte entlang des Weserdeiches, dann über ihn hinweg zum Fluss. Mit einer Hochseilfähre gelangte man auf die andere Uferseite in die Ortschaft Wasserstraße. Erst die Fertigstellung der Staustufe Schlüsselburg im Jahr 1956 veränderte die Straßenführung erheblich. Der Fährverkehr über die Weser konnte ersetzt werden durch eine neue Straße, die jetzt über das Wehr Schlüsselburg führt. Sicherlich hat diese Veränderung sehr dazu beigetragen, dass im ehemaligen Straßenabschnitt am Deich, der heute nur noch als Wirtschaftsweg dient, die Allee in Teilen erhalten geblieben ist.

Als Bepflanzung für die nach dem Deichbau Mitte des 19. Jahrhunderts angelegte Chaussee wählte man Linden. Einige der heute noch vorhandenen Alleebäume stammen aus dieser Zeit. Zwar ist der Straßenverkehr umgeleitet, aber Gefahr droht von anderer Seite. Der baumgesäumte Wirtschaftsweg führt am Deich entlang und dann hinauf zur Deichkrone. Nach Ansicht der Wasserbauingenieure beeinträchtigen die Baumwurzeln die Stabilität des Deiches und folgern daraus, dass die Bäume am Deich entfernt werden müssten. Das wäre das Ende der Allee. Die Bürgerschaft von Schlüsselburg hat sich energisch dagegen gewehrt, die Allee zu zerstören. Der Protest gipfelte in einer Demonstration im Mai 2003, die 200 Personen hinaus zu den alten Linden führte. Eine derartige Aktion zugunsten einer Allee dürfte im Kreisgebiet bis heute einmalig sein.

Im Oktober 2019 erfolgten umfangreiche Verkehrssicherungsmaßnahmen. Dabei wurden auch acht Altbäume gerodet. Da man bei den Fällarbeiten weder vorhandene Stockausschläge zum Erziehen eines neuen Baumes nutzte, noch Stubben aus Artenschutzgründen stehen ließ oder Neuanpflanzungen erfolgten, ist zu vermuten, dass die Maßnahmen indirekt dem Verlust der gesamten Allee Vorschub leisten. Hoffentlich täuscht dieser Eindruck und die Entscheidungsträger finden noch Lösungen, die den Bestand der Allee gewährleisten und auch wieder Nachpflanzungen ermöglichen.

◀ **Umfangreiche Pflegemaßnahmen fanden im Herbst 2019 statt.**

Die Schlüsselburger Lindenallee ist es wert. Nicht nur aus Sicht des Naturschutzes lohnt sich jeder Einsatz, auch kulturhistorisch ist sie höchst wertvoll. Der Bau ländlicher Chausseen im 19. Jahrhundert ist nur noch an ganz wenigen Stellen bis heute präsent. Hier ist nicht nur die ursprüngliche Bepflanzung sichtbar, sondern auch noch in Teilen altes Pflaster aus unregelmäßig behauenen kleinen Basaltsteinen.

In Sichtweite zur Allee thront seit über 60 Jahren ein Weißstorchpaar auf der Schlüsselburg. Alfons R. Bense beginnt in seinem Buch »Altes Storchenland an Weser, Bastau und Dümmer« das Kapitel zum Niststandort Schlüsselburg mit der fragenden Überschrift »Der schönste Platz im Kreis?« und endet mit der Feststellung: »Die Schlüsselburg beherbergt mit dieser vielfältigen Geschichte und ihrem imposanten, authentischen Erscheinungsbild im besonderen Maß das ›Vorzeige-Storchennest‹ des Kreises Minden-Lübbecke, des Aktionskomitees und der Eigentümerin.«[8]

Mit der Lindenallee haben wir zusätzlich die »Vorzeige-Allee« der Weserlandschaft vor uns. Während die Entwicklung der Weißstorchpopulation dank eines unermüdlichen Einsatzes des Aktionskomitees »Rettet die Weißstörche im Kreis Minden-Lübbecke e.V.« ausgesprochen erfolgreich verläuft, ist der Fortbestand der Schlüsselburger Lindenallee längst nicht gesichert. ●

▼ **Die Schlüsselburger Lindenallee im Herbst 2007**
Foto: Karin Jakob

Eichenallee Bollheide

Östlich der Ortschaft Wasserstraße taucht inmitten der ausgeräumten Feldflur plötzlich ein großes lang gezogenes Feldgehölz auf. Dass es sich dabei um eine Allee handelt, wird erst deutlich, wenn man direkt davorsteht. Der von der B 482 kommende asphaltierte Wirtschaftsweg schwenkt kurz vor den Baumreihen scharf Richtung Osten ab und endet an einem nahebei liegenden Windpark. In die Allee hinein führt ein alter, nur leicht befestigter Feldweg, der zwar auf einer schnurgeraden Wegeparzelle liegt, jedoch im Laufe der Zeit einen geschwungenen Verlauf genommen hat. So umging man Hindernisse und schlechte Wegebefestigung.

Ursprünglich ist der aus Stieleichen bestehende Gehölzbestand, in den sich auch einige Birken hineingeschlichen haben, gar nicht als Allee gedacht gewesen. Die Eichen auf der Ostseite des Weges wurden vom angrenzenden Eigentümer als Windschutz gepflanzt, wobei einzelne ältere Eichen mit über 3 Metern Umfang noch aus früherer Zeit stammen, als hier die Heide dominierte. Die Eichen auf der Westseite sind mehrheitlich jünger. Viele haben sich vermutlich selbst ausgesamt. So variieren auch ständig die Abstände der Bäume untereinander. Ganz dicht stehende Eichen wechseln sich

▼ In der ausgeräumten Feldflur fällt die kleine Allee schon von Weitem ins Auge.

▲ Blick von der Landesgrenze in den Eichentunnel

ab mit bis zu 10 Meter entfernten Bäumen. Dazwischen breiten sich Weißdorn, Schlehe, Wildrosen, Schwarzer Holunder, Eberesche und Gewöhnlicher Schneeball aus.

Um das Jahr 2000 herum fand auf der Westseite eine Nutzung vieler Eichen statt. Sie wurden auf den Stock gesetzt mit der Folge, dass sie danach zwei- bis dreistämmig erneut hoch aufwuchsen. Ungewöhnlich ist die seitliche Ausdehnung der Allee. Während der eigentliche Feldweg mit 3 Metern Breite ein ganz normales Maß hat, schließt sich zu beiden Seiten noch ein 5 bis 6 Meter breiter Saum an, auf dem die Bäume nicht etwa mittig stehen, sondern deutlich am Rand hin zu den angrenzenden Äckern, zu denen sie auch eigentumsmäßig gehören.

Diese Allee mit ihren teils über 100 Jahre alten Eichen besticht durch ein urwüchsiges Erscheinungsbild. Sie ist naturschutzfachlich höchst wertvoll. Wo natürlicherweise ein trockener Eichen-Birkenwald wachsen würde, sind heute nur noch große Ackerschläge sowie Fichten- und Kiefernforst zu finden. An dieser Stelle allerdings ist mit der Eichenallee und seiner Begleitflora ein kleiner Rest der ursprünglichen Vegetation in der Bollheide erhalten geblieben. Da der Feldweg nur wenig genutzt wird, besteht die Chance, dass diese nur 180 Meter lange geschlossene Allee, die direkt an der Landesgrenze zu Niedersachsen endet, noch lange erhalten bleibt. Den Abschluss bildet ein schlichter rechteckiger Sandsteinblock ohne Inschrift, der offensichtlich einst als Grenzmarkierung diente. ●

Platanenallee zwischen Heisterholz und Petershagen

Die Entstehungsgeschichte dieser Allee kann man durchaus als kurios bezeichnen. Weder Planungsbüros noch Behörden haben sie geschrieben. Vielmehr hatte Petershagens Bürgerschaft die Idee, eine neue Allee anzulegen.

Verantwortliches Gremium war die Kulturgemeinschaft mit dem damaligen Ortsvorsteher Alfred Raschke an der Spitze. Nach Fertigstellung der neuen Ortsumgehung im Jahr 1984 verlor die alte Bundesstraße 61, die mitten durch Petershagen führte, ihre Bedeutung. So waren die verkehrlichen Voraussetzungen geschaffen, zwischen Heisterholz und Petershagen eine neue verbindende Straßenbepflanzung zu realisieren. Dass man sich bei der Gehölzauswahl für Platanen entschied, ist einem Zufall zu verdanken. Alfred Raschke erzählt hierzu folgende Geschichte: »Als wir auf einer Ausflugsfahrt Richtung Bodenwerder auf der B 83 an der imponierenden Platanenreihe

▼ **Bereits in der preußischen Uraufnahme von 1837 ist die von Petershagen Richtung Minden anfangs schnurgerade verlaufende Chaussee als Allee dargestellt.** (Quelle: Staatsbibliothek zu Berlin)

nahe der Weser zwischen Grohnde und Hehlen vorbeikamen, wussten wir, dass Platanen unsere Wunschbäume sind.«

Anfang April 1985 pflanzten auf einer Länge von etwa einem Kilometer 50 Freiwillige von Feuerwehr, Bürgerschützen-Gesellschaft, Deutschem Roten Kreuz (DRK) und Kulturgemeinschaft in Kooperation mit der Stadtverwaltung dann tatsächlich 105 Platanen. Als Pflanzabstand wählte man etwa 15 Meter und ordnete die Bäume gegenständig an. Am Tag der Pflanzung herrschte winterliches Wetter mit leichtem Schneefall, sodass die im DRK-Zelt an der Strecke angebotenen Getränke und Speisen dankbar angenommen wurden. Dietmar Bach hat die Pflanzaktion sogar in seinem Jahresrückblick 1985 »Aus dem Leben unserer Weserstadt« filmisch festgehalten. Das dürfte für die Alleen an Weser und Wiehen bisher einmalig sein.

Aufgrund der Schnellwüchsigkeit von Platanen, denen auch einige Bergahornbäume beigemischt wurden, ist in kurzer Zeit eine eindrucksvolle Allee entstanden. Vorgänger war eine gemischte Kastanien- und Lindenallee, die man bereits in den 1960er-Jahren nach und nach entfernte. Eine übrig gebliebene Rosskastanie erinnert noch an die damalige Straßenbepflanzung. Sie steht im Kurvenbereich nah der Abzweigung zum Weserschiffsanleger und wacht über ihre jugendlichen Nachfolger.

Die Geschichte dieser Allee reicht bis in die Anfänge des 19. Jahrhunderts zurück. In der preußischen Uraufnahme von 1837 sind für den Wegeabschnitt deutlich beidseitige Baumdarstellungen zu erkennen. Schön, dass dieser historische Alleenstandort einer gesicherten Zukunft entgegensieht. ●

▲ Lindenallee Kraftwerksiedlung

▲ Reste der Eschenallee am Lahder Damm

Alleen nah am Schleusenkanal Lahde

Einen seltenen Sonderfall stellen Alleen an Kanälen dar.[9] Die Baumreihen können sowohl beidseitig des Gewässers stehen als auch an parallel verlaufenden Wegen. An kleinen historischen Kanälen Norddeutschlands findet man sie noch am ehesten. Die niedersächsischen Alleenexperten Dr. Ansgar Hoppe und Dr. Max Peters nennen als Beispiele den Nordhorn-Almele-Kanal, den Ems-Vechte-Kanal, den Coevorden-Piccardie-Kanal und den Süd-Nord-Kanal bei Georgsdorf im Landkreis Emsland. An Letzterem säumen 100 Jahre alte Eichen die Ränder. Zusätzlich ist ein daneben verlaufender kleiner Weg mit einer weiteren Baumreihe umfasst. Diese besondere Alleenvariante steht als Teil des Kanals auch unter Denkmalschutz.[10]

Baumgesäumte Kanäle gehören auch zum Erscheinungsbild berühmter Barockgärten. Der große Kanal im Schlosspark Nymphenburg mit seinen Lindenalleen zu beiden Seiten ist das wohl bekannteste Beispiel in Deutschland. In Nordrhein-Westfalen ist diesbezüglich Kleve der herausragende Ort. Mitte des 17. Jahrhunderts schuf der brandenburgische Statthalter Johann Moritz von Nassau-Siegen (1604 – 1679) in seiner Residenzstadt Kleve ein neuartiges Stadt und Landschaft verbindendes Gesamtkunstwerk, dessen wesentliche Bestandteile Kanäle und Alleen waren. Der Prinz-Moritz-Kanal mit dem dahinter liegenden Amphitheater ist bis heute ein zentraler Anlaufpunkt in der Klever Parklandschaft.

Doch kehren wir zurück in den Mühlenkreis. Leider sind weder am Mittellandkanal noch an den Schleusenkanälen der Mittelweser Alleen erkennbar, mit einer kleinen Ausnahme. In Lahde führt eine Brücke – sie heißt im Fachjargon Nr. 28 – über den Schleusenkanal. Von dort geht es weiter zum Wehr Petershagen und einem Campingplatz, der an der Spitze zwischen Weser und beginnender Kanalstrecke liegt. Einem glücklichen Umstand verdanken wir es, dass man auf den Dämmen unmittelbar hinter der Brücke auf einen vielfältigen Baumbestand mit parkähnlichem Charakter trifft. In der Regel sind Bäume auf Dämmen und Deichen wasserbautechnisch verpönt. An dieser Stelle jedoch bestehen keine sicherheitstechnischen Bedenken. Die Rampenzufahrten zur Brücke bewirken, dass quasi zwei schützende Dämme nebeneinanderliegen. Eine bunte Mischung aus Linden, Eschen, Hainbuchen, Feldahorn und vereinzelt Weißdorn, Stieleichen und Vogel-Kirschen bildet den Gehölzbestand. Eher alleenuntypisch stehen die Bäume in lockerer Anordnung an der Straße zum Wehr und auf der

▲ Alleeartige Bepflanzung am Schleusenkanal in Lahde

nach Norden führenden Dammlage. Dessen ungeachtet stellt sich besonders auf dem schmalen, nur im Gänsemarsch zu laufenden Fußweg das Gefühl ein, eine Allee zu durchschreiten. Zwischen Brücke und Aue-Düker ließe sich mit wenigen Neuanpflanzungen die Reihenanordnung noch betonen. Dann hätte der Kreis Minden-Lübbecke vielleicht eines Tages eine echte Kanal-Allee.

Luftlinie einen Kilometer entfernt befindet sich auf der gegenüberliegenden Kanalseite das Kraftwerk Heyden. An der Zufahrtsstraße stoßen wir auf eine Lindenallee, die bis in die Anfänge der Stromproduktion zum Beginn der 1950er-Jahre zurückreicht. Da sich die Flächen zu beiden Seiten der Allee bewaldet haben, fallen die Baumreihen erst bei genauerem Hinsehen auf. Während auf der Kraftwerksseite die Eingrünung der Parkplätze hochgewachsen ist, hat sich an der Südseite auf alten Tonabgrabungsflächen eine Spontanvegetation gebildet, die mittlerweile an die Baumkronen der Lindenallee heranreicht. In den ersten Jahrzehnten ihres Bestehens muss die Allee eine sehr viel dominantere Wirkung erzeugt haben. Wie sie entstanden ist, lässt sich nur vermuten. 1965 übernahm die damalige Gemeinde Lahde die Straßen der Kraftwerkssiedlung. Da unsere Allee älter ist, scheint sie von der Preußen-Elektra angelegt worden zu sein. Vielleicht wollte die Konzernzentrale in Hannover – die Prachtalleen von Herrenhausen vor Augen – eine repräsentative Zufahrt schaffen oder der verstorbene werkseigene Gärtner gab die Anregung. Wer weiß?

Die 250 Meter lange Allee ist wechselständig angeordnet mit einem Pflanzabstand von 8 Metern. Die Stammumfänge schwanken zwischen 1,50 und 2,50 Meter. Obwohl einige Lücken entstanden sind, erzeugen die verbliebenen 50 Linden mit ihrem geschlossenen Kronendach einen homogenen Gesamteindruck. Sie ist für Lahde auch deswegen von Bedeutung, da andere Alleen im Ort dem Straßen- und Rohrleitungsbau der 1960er-Jahre zum Opfer fielen.

Ein letzter Nachweis früherer Alleenvielfalt an der B 482 lässt sich kurz vor dem Beginn des Schleusenkanals finden. Die alte Bundesstraße verlief direkt am Weserdamm und ist bis heute als Gemeindestraße erhalten geblieben. Kaum zu glauben, dass dieser verlassene Straßenabschnitt bis in die 1960er-Jahre hinein die Hauptverkehrsader zwischen Minden und Nienburg gewesen ist. Insgesamt 36 Eschen stehen noch beidseitig direkt an der Straße. Eine Allee bilden sie nicht mehr, dafür sind die Zwischenräume mittlerweile zu groß. Mehrere Baumstubben verraten allerdings, dass hier einst vollständige Baumreihen existierten. Jüngere und ältere Eschen mit einem Stammumfang bis zu 2,90 Meter wechseln sich ab. Das Eschentriebsterben geht auch an diesen Bäumen nicht spurlos vorüber. Hoffentlich halten sie noch eine Zeit lang durch. Vegetationskundlich befinden wir uns am Rand der Eschen-Ulmenwald-Landschaft. Beide namengebenden Gehölze waren früher auch beliebte Alleebaumarten. An diesem Ort bietet sich die Chance, mit ihnen einen Neuanfang zu wagen. Einige Meter südlich des Weserdamms ist die ehemalige Bundesstraßentrasse völlig gehölzfrei. Auf 300 Metern Länge bis zur neuen B 482 könnte verkehrstechnisch gefahrlos eine neue Allee entstehen. Mittlerweile sind weitgehend krankheitsresistente Sorten von Esche und Flatterulme verfügbar. Einschlägige Hochschulinstitute wie zum Beispiel in Osnabrück könnten einen Versuch wissenschaftlich begleiten. Vielleicht gelingt es dadurch, eine im Kreis Minden-Lübbecke verschwundene Alleenvariante neu zu beleben. ●

▶ Geeigneter Alleenstandort an der Trasse der alten B 482

▲ **Roter Bellefleur, alte Apfelsorte, die auch in der Obstbaumallee Möllbergen wächst**
(Staatsbibliothek zu Berlin – PK, Abteilung Historische Drucke, Signatur: gs. 2" Ow 33492-5/6:R)

Porta Westfalica

34 **Lindenallee auf dem Friedhof Barkhausen**

35 **Porta-Allee**

36 **Obstbaumallee Möllbergen**
Die Unvollendete

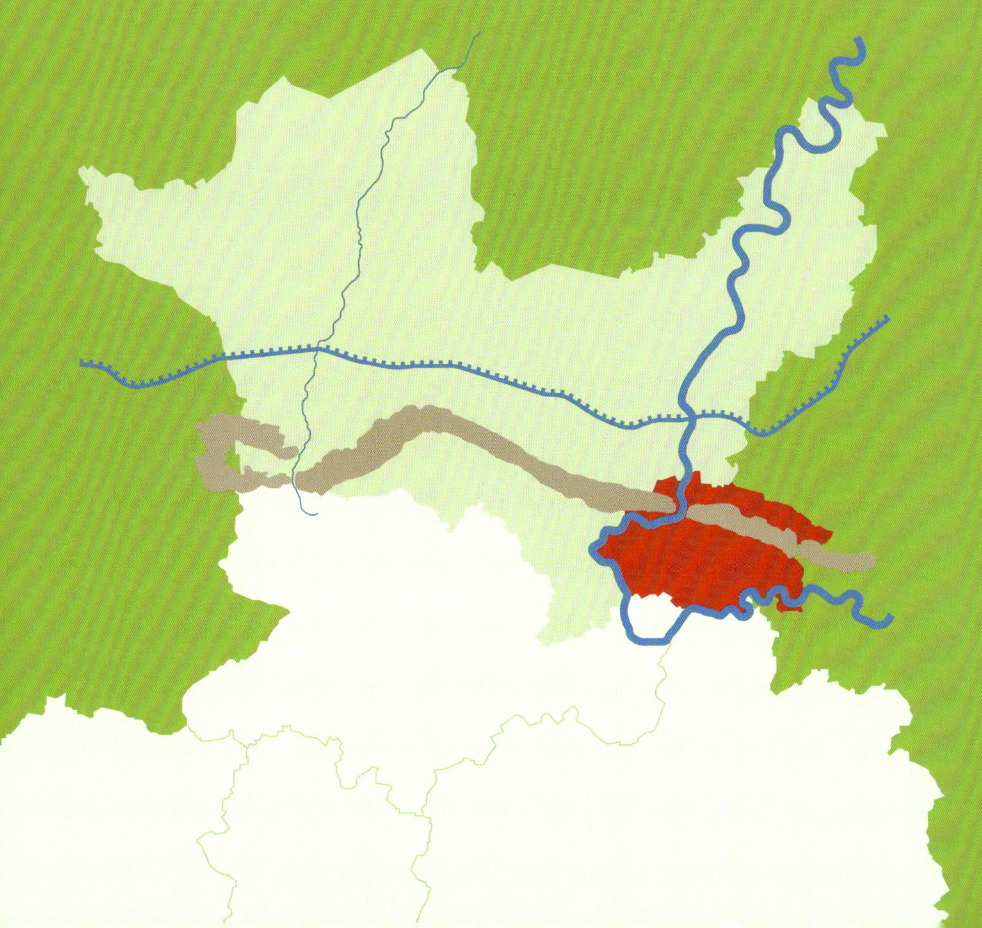

▲ Hauptallee auf dem Friedhof Barkhausen

Lindenallee auf dem Friedhof Barkhausen

Der heutige Friedhof in Barkhausen hatte bereits vier Vorgänger an anderen Stellen im Ort. Hierzu hat ausführlich F.W.Franzmeyer in einem Aufsatz in den Mitteilungen des Mindener Geschichtsvereins berichtet. Seit 1920 befindet er sich im Winkel zwischen Alter Poststraße und Bachstraße, im Norden begrenzt durch den Damm der ehemaligen Bahnlinie Minden-Häverstedt. Zentrales Gliederungselement des Friedhofs ist eine Lindenallee, die vom Haupteingang zur Kapelle führt. Auf gut 100 Metern Länge stehen 30 gegenständig angeordnete hohe Linden in einem Pflanzabstand von 6-7 Metern. Zwei benachbarte Linden sind beim Orkan Kyrill im Januar 2007 samt Wurzelteller umgestürzt; ein Baum am Eingang ist durch Blitzschlag geschädigt, aber noch als Kopfbaum erhalten geblieben. Im Übrigen durchschreitet man auf dem Weg zur Kapelle, der mit grauem Betonstein in Wabenform befestigt ist, eine schöne, komplett erhaltene Allee mit weitgehend geschlossenem Kronendach. Der Baumumfang der Linden schwankt zwischen 1,50 und 2,50 Meter und lässt vermuten, dass die älteren aus den Anfangsjahren des 100 Jahre alten Friedhofs stammen.

Auffällig ist die bereits vor längerer Zeit erfolgte Kappung einiger Linden in unterschiedlicher Höhe. An den Schnittstellen haben sich mehrere aufrecht wachsende starke Neutriebe, sogenannte »Ständer« ausgebildet. Kappungen kommen bei Linden nicht nur im hiesigen Raum oft vor. Sie werden heutzutage wegen der massiven Störung des physiologischen Gleichgewichts von Fachleuten sehr kritisch beurteilt. Auf jeden Fall bedürfen solche Bäume anschließend einer kontinuierlichen fachgerechten Pflege und engmaschiger Kontrolle.

Die Hauptallee fällt auch daher stark ins Auge, da seitlich daran anschließend die Wege und Grabstellen keine oder niedrig bleibende Vegetation meist aus Koniferen aufweisen. Um so wohltuender erscheint im nördlichen Friedhofsteil eine Reihe von fünf großen ausladenden Linden in Einzelstellung. Nahebei sind neue alleeartige Wegebeflanzungen mit Kugelahorn und ganz aktuell Zierbirnen erfolgt. ●

▲ Nördlicher Teilabschnitt der Porta-Allee

Porta-Allee

Ohne das neue Johannes-Wesling-Klinikum gäbe es diese Straße gar nicht. Sie ist 800 Meter lang und beginnt im Norden an der B 65 mit einem Kreisverkehr, dem auf der Hälfte der Strecke ein weiterer folgt. Auch der Abschluss nah am Wiehengebirge an der L 876 ist als Kreisel angelegt. Der Straßenname »Porta-Allee« ist treffend, da die Kreisstraße auf ganzer Länge beidseitig Baumreihen aufweist.

Die Allee besteht aus 98 Winterlinden, von denen sogar Genaueres bekannt ist. Es soll sich um die Sorte »Greenspire« handeln. Die ursprünglich amerikanische Züchtung ist eine der beliebtesten Lindenvarianten. Aufgrund ihrer Wuchseigenschaften mit regelmäßiger, dicht geschlossener Krone und schräg aufsteigenden Zweigen sowie der relativ großen Toleranz gegenüber Hitze und Trockenheit wird sie auch als Stadtbaum empfohlen.

Die Bauarbeiten für die 7,50 Meter breite Straße mit begleitendem Fuß- und Radweg auf der Ostseite begannen im Sommer 2003. Mit den abschließenden Baumpflanzungen im Herbst 2006 war die K 18 als mit Abstand kürzeste Kreisstraße fertiggestellt.

Die Alleebäume sind mit einem Pflanzabstand von 15 Metern gegenständig angeordnet. Da genügend Fläche zur Verfügung stand, konnte ein breiter Sicherheitsabstand zum Straßenkörper eingehalten werden, wodurch manchem vielleicht der Alleecharakter gar nicht auffällt. Außerdem verwischt der vollständig bepflanzte Wall westlich der Straße den Alleeneindruck ein wenig. Man darf gespannt sein, wie die weitere Entwicklung verläuft.

Auf Baumfreunde wartet gleich hinter dem Wall am Klinikumsgelände ein besonderer Leckerbissen: das arboretum medicum. Ein Arboretum dient der Sammlung von Holzgewächsen, vor allem zu Studienzwecken. Durch den Zusatz »medicum« kommt zum Ausdruck, dass es sich um Gehölze mit medizinischer Bedeutung handelt. Vertreten ist z. B. der Weißdorn mit seiner herzstärkenden Wirkung oder der Ginkgo, der Wirkstoffe enthält, die gegen das nachlassende Gedächtnis im Alter helfen sollen. Insgesamt besteht der Baumkreis aus 18 verschiedenen Gehölzarten, die jeweils zweimal vertreten sind. Aufwendig gestaltete Informationstafeln erklären sowohl die botanische als auch medizinische Bedeutung der jeweiligen Art. Mitten im Baumkreis fällt ein großes viereckiges Holzgerüst ins Auge. Es dient den Rankpflanzen Hopfen, Efeu und Weinrebe als Kletterhilfe. Alle Interessierten sind eingeladen, sich im arboretum medicum zu entspannen und etwas zu erfahren über die Heilkraft der Pflanzen. ●

▲ Hinter der Obstbaumallee ist ausreichend Platz diese Richtung Westen deutlich zu verlängern.

Obstbaumallee Möllbergen

Die Unvollendete

In Porta Westfalica sind Obstbaumalleen – genauso wie in anderen Orten – weitgehend Geschichte. Umso erfreulicher, dass man in Möllbergen an der Straße »Ellerburg« noch einen kleinen Obstbaumschatz finden kann.

Glücklicherweise hatte Holger Hansing, bekannter Natur- und Landschaftsführer und Vorstandsmitglied im sehr engagierten Verein »Naturschutz und Heimatpflege Porta« (NHP) 2012 die Idee, für das gesamte Stadtgebiet eine Bestandsaufnahme aller städtischen Obstbäume zu erstellen. Fachkundig unterstützt hat ihn dabei der Bielefelder Pomologe Hans-Joachim Bannier.[11] Herausgekommen ist ein Verzeichnis, das in dieser Form im Mühlenkreis einmalig sein dürfte. So wissen wir auch Näheres über besagte Allee an der nordwestlichen Gemarkungsgrenze von Möllbergen.

Unter den 15 noch vorhandenen Altbäumen befinden sich so außergewöhnliche Sorten wie der »Apfel von Croncels« oder der »Rote Bellefleur«. Mehrfach erfolgten Nachpflanzungen. Die letzte größere fand im Herbst 2018 statt. Eine bunte Mischung aus Birnen, Kirschen, Zwetschgen und Äpfeln vergrößerten die nun rund 300 Meter lange Allee. Darunter sind Sorten wie »Roter Berlepsch«, »Büttners Rote Knorpelkirsche« oder »Köstliche von Charneu«. Das ehrenamtlich erstellte Obstbaumkataster ist eine Fundgrube für am Thema Interessierte und sollte allgemein zugänglich gemacht werden.

Inmitten der monotonen Ackerflur fällt die Allee sogleich ins Auge. Sie ist durch die Kombination von Obstbäumen, blütenreichen Randstreifen und einer unversiegelten Wegefläche ein wertvoller Lebensraum für Tiere und Pflanzen. Das schon Erreichte sollte Ansporn sein, den Feldweg in Gänze zu bepflanzen. So könnte die Tradition ausgedehnter Obstbaumalleen auch in Porta Westfalica exemplarisch fortbestehen. ●

Preußisch Oldendorf

37 **Kastanienallee am Gut Hollwinkel**

38 **Lindenallee auf dem Friedhof**

39 **Alleen in Bad Holzhausen**

40 **Linden-Ahorn-Allee an der K 80 zwischen Offelten und Hedem**

41 **Lindenallee »Am Schierfeld«**

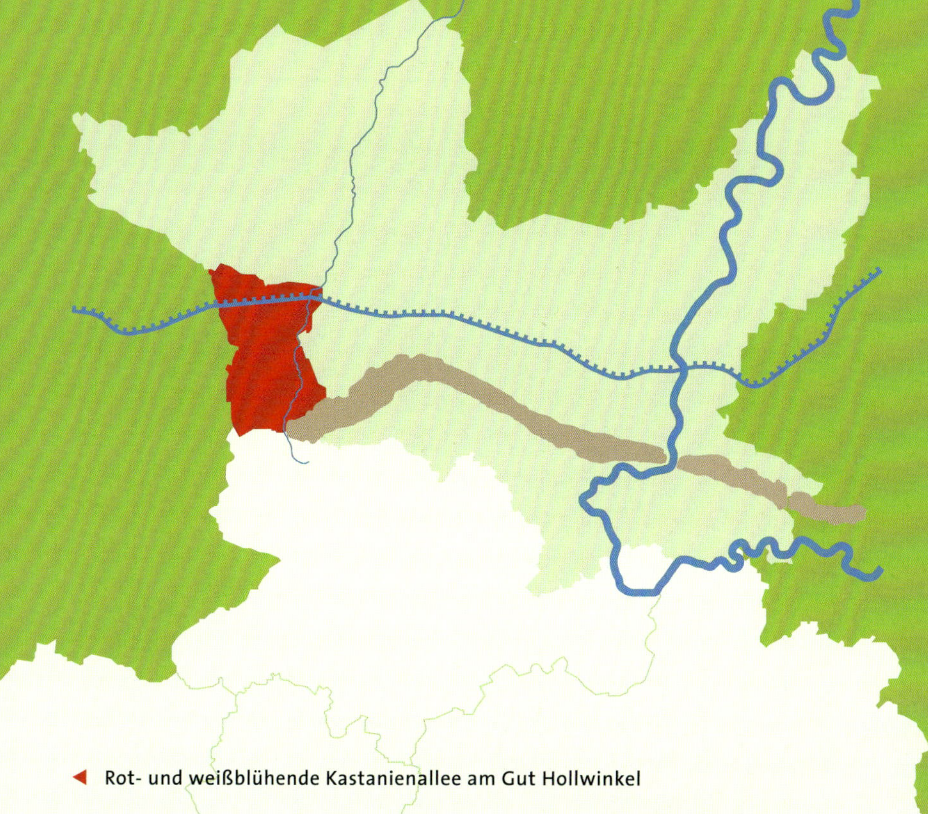

◀ Rot- und weißblühende Kastanienallee am Gut Hollwinkel

▲ Unter Kastanienbäumen führt der Weg zum Wasserschloss.
Das Blätterdach der geschlossenen Allee sorgt für ein eindrucksvolles Schattenspiel.

Kastanienallee am Gut Hollwinkel

Das Gut Hollwinkel liegt am nordöstlichen Rand des Ortsteiles Hedem.

Ursprünglich als Grenzburg der Bischöfe von Minden erbaut, erlebte der Adelssitz eine wechselvolle Geschichte. 1776 wurde das Wasserschloss von der Familie von der Horst erworben, die dort 54 Jahre später ihren Stammsitz einnahm. Das Gut ist bis heute in Privatbesitz. Als Eigentümer lenkt Freiherr Bertold von der Horst die Geschicke des Anwesens, zu dem auch umfangreiche Ländereien gehören.

Die Anfahrt zum Gut führt über eine repräsentative, etwa 200 Meter lange Rosskastanienallee. Insgesamt 54 Bäume säumen den asphaltierten Zufahrtsweg. Massive Schäden haben dazu geführt, dass mehrere Bäume gefällt werden mussten. Heute sind noch 32 Altbäume mit einem Umfang von 1,30 bis 2,30 Meter vorhanden. In den entstandenen Lücken wurden neue Kastanienbäume gepflanzt und in den letzten 10 Jahren auch sechs rotblühende Rosskastanien eingebracht, darauf hoffend, dass diese weniger krankheitsanfällig sind. Der ursprüngliche Pflanzabstand von 6 Metern wurde konsequent beibehalten. Wie sich die noch schöne, teilweise geschlossene Allee in der Zukunft entwickeln wird, ist – wie bei vielen anderen Rosskastanienalleen auch – aufgrund unterschiedlicher Beeinträchtigungen offen.

Ursprünglich hatte die Allee noch einen längeren Verlauf über die querende Kreisstraße hinaus nach Süden zum gutseigenen Hollwinkeler Holz. Auf etwa 300 Metern Länge ist entlang der heute nur noch als Feldweg ausgebildeten Verbindung anfangs noch die ursprüngliche Rosskastanienallee gut erkennbar. Auf der Ostseite stehen 15 Kastanien, auch hier im gleichen Pflanzabstand von 6 Metern. Die Westseite hingegen weist nur noch zwei Kastanienbäume auf sowie am Anfang einen Hochstubben mit 70 cm Durchmesser. Alle Kastanienbäume sind teils bis in die Krone von Efeu eng umschlungen. Nach etwa 100 Metern ist der Alleenverbund vollends aufgehoben und es schließen sich beidseitig Eichen und Linden an, die zusammen mit einer üppigen Strauch- und Krautvegetation eine wertvolle linienförmige Biotopstruktur bilden.

▲ **Gutsgemälde mit der Allee am rechten Rand, Mai 1905**
(Privatbesitz: Bertold von der Horst)

Der zum Wasserschloss gehörende weitläufige Park schließt sich im Norden hinter der Gräfte an. Mitten hindurch verläuft in Nord-Süd-Richtung ein 2,50 Meter breiter Fußweg auf leichter Dammlage. In dem waldähnlichen Gehölzbestand der Parkanlage überrascht es, plötzlich in einer Buchenallee zu stehen. Sie ist 150 Meter lang und endet kurz vor dem Mittellandkanal genauso abrupt, wie sie in der Parkmitte beginnt. Ein einheitlicher Pflanzverbund ist nicht erkennbar. Die 33 Alleebäume weisen einen Stammumfang bis zu 1,90 Meter auf. Während auf der Ostseite kaum Lücken vorhanden sind, häufen sie sich auf der Westseite. Welche Bedeutung diese Allee hat, die in direkter Linie auf die Erbbegräbnisstätte jenseits des Kanals ausgerichtet ist, liegt bisher noch im Dunkeln. Jedenfalls handelt es sich um die einzige mir bekannte Rotbuchenallee im Kreis Minden-Lübbecke.

Mit dem Bau des Kanals ab 1906 hat sich die landschaftliche Situation massiv verändert. Ländereien und Erbbegräbnisstätte des Gutes wurden abgetrennt und sind seither nur über die Kanalbrücke 109 erreichbar. In den 1960er-Jahren hat schließlich die Begradigung und Eindeichung der Großen Aue, die an der Westseite das Gutsgelände begrenzt, der Landschaft schwer zugesetzt. Einstmals die Niederung kennzeichnende Feuchtwiesen und Sumpfwälder wichen monotonen Äckern und Grünlandflächen.

▼ Rotbuchenallee im Gutspark

Ab 1989 mit Ausweisung des Naturschutzgebietes »Ellerburger Wiesen« ändert sich das Bild der Niederung wieder hin zu mehr Naturnähe. Es konnten bereits 76 Hektar Fläche in Landeseigentum überführt werden. Eine gute Investition, denn nunmehr bieten die jetzt extensiv genutzten Wiesen und Weiden wieder vielen Tier- und Pflanzenarten Lebensraum.

Blickt man in frühere Zeiten zurück, so erkennt man auf der preußischen Generalstabskarte von 1837 den sogenannten Hollwinkeler Damm, eine Wegeverbindung, die mitten durch die Niederung zur 1,5 Kilometer entfernten Ellerburg führte. Da seit 1825 die Ellerburg auch zum von der Horstschen Familienbesitz gehörte, war dies die direkte Verbindung zwischen beiden Anwesen. Der als Allee gestaltete Damm existiert heute nicht mehr. Im näheren Umfeld steht eine malerische alte Stieleiche. Sie blieb glücklicherweise in der Flurbereinigung verschont. Ob sie einst einer der Alleebäume gewesen ist, wird wohl ihr Geheimnis bleiben.

Südlich der Ellerburg besteht noch heute eine alte Allee. Vermutlich führte sie zum Hollwinkeler Damm (siehe Porträt 6). ●

▼ Die preußische Uraufnahme von 1837 zeigt den baumgesäumten Hollwinkeler Damm. Dargestellt ist auch die von Benkhausen nach Süden Richtung Lübbecke führende Gutsallee (siehe Porträt Nr. 7). Den Mittellandkanal gab es damals noch nicht.
(Quelle: Staatsbibliothek zu Berlin)

▲ Dieses Foto vom Februar 2019 ist Geschichte.
Mittlerweile sind die Linden auf ca. 12 m Höhe gekappt.
Wie es wohl weitergeht mit der »Denkmal-Allee«?

Lindenallee auf dem Friedhof

Eine wechselvolle Geschichte liegt hinter der Friedhofsallee in Preußisch Oldendorf. Sie ist zusammen mit einer Blutbuche am Eingang das letzte Zeugnis aus den Anfängen des 1808 eröffneten Friedhofs.

Bis zur Jahrtausendwende bestand die kleine, 100 Meter lange in Ost-West-Richtung verlaufende Allee noch aus 18 Lindenbäumen. Bei gegenständiger Anordnung in einem Pflanzabstand von rund 10 Metern bildeten die hoch aufgeschossenen Bäume an dem schmalen Kiesweg das zentrale vegetative Gestaltungselement des Friedhofs. Dann folgte eine verlustreiche Zeit. Vor allem die beiden Sturmereignisse Kyrill (2007) und Friederike (2018) ließen Bäume umstürzen oder auseinanderbrechen. Die Allee mit bis zu 25 Meter hohen Linden verlor zunehmend ihre raum- und landschaftsbildprägende Wirkung. Mit mehr oder weniger erfolgreichen Maßnahmen wie Kroneneinkürzungen, Einbau von Kronensicherungen und Totholzentfernung wurde versucht, den Verfall aufzuhalten. Doch die Schäden waren derart massiv, dass wegen der Gefahrenlage Überlegungen angestellt wurden, alle Altbäume zu entfernen. Da der Friedhof mitsamt seiner baulichen und vegetativen Ausstattung unter Denkmalschutz steht, zudem die Allee ein eingetragenes Naturdenkmal ist und auch die Interessen der örtlichen evangelischen Kirchengemeinde als Eigentümerin zu beachten sind, galt es eine allgemein tragfähige Lösung zu finden. Glücklicherweise scheint dies nun auch teilweise zu gelingen. Aus Gründen des Denkmalschutzes soll das markante hintere Lindenpaar am Friedhofsrondell – mit Stammumfängen von 3,50 Meter und 4,50 Meter das stärkste – wenn auch nur noch als Torso bestehen bleiben. Gleiches gilt für zwei weitere sich gegenüberstehende Altbäume. Sie sind der Rest ursprünglicher Alleesubstanz und wichtig für die Aufarbeitung historischer Zusammenhänge. So können zum Beispiel anhand »originaler« bauzeitlicher Gehölze historische Schnitttechniken nachvollzogen oder die genetischen Eigenschaften unterhalb der Artebene erforscht werden. Und für den Artenschutz ist ein alter Baumstamm mit seinen Höhlungen ohnehin ein Gewinn. Zusätzlich sind im überlieferten historischen Rhythmus Nachpflanzungen der Fehlstellen vorgesehen, durch die das ganzheitliche, raumprägende Erscheinungsbild der Allee langfristig zurückgewonnen werden soll.[12]

Hoffentlich folgt jetzt nach zwei Jahrzehnten bedauernswerter Verluste eine längere Phase des Neubeginns mit einer Allee, die vielleicht in 100 Jahren erneut den weithin sichtbaren Mittelpunkt des Friedhofs bildet. ●

Alleen in Bad Holzhausen

Beginnen wollen wir im Kurpark mit dem ehemaligen Herrenhaus des Rittergutes Holzhausen als Glanzpunkt. Seit 1981 dient es dem heutigen anerkannten Heilbad als Haus des Gastes mit Touristeninformation, Bibliothek, Leseräumen und einem großen Vortragsraum. Auf der Rückseite führt entlang der Großen Aue eine 100 Meter lange Rosskastanienallee zur Gutwassermühle Holzhausen-Hudenbeck. Als 1958 der Mühlenbetrieb eingestellt wurde, verfiel das Gebäude zunehmend. 25 Jahre später ging die von Grund auf sanierte Wassermühle wieder in Betrieb und ist seitdem ein wichtiger Bestandteil der westfälischen Mühlenstraße.

Bis in die 1970er-Jahre stand auf dem Mühlendamm bereits eine als Naturdenkmal geschützte Vorgängerallee, die aber aufgrund von Schädigungen gefällt werden musste. An ihre Stelle trat eine neue Rosskastanienallee, die um 1982 entstand. Sie ist inzwischen zu einer stattlichen Kulisse herangewachsen. Der enge Abstand der Bäume untereinander und der schmale Fußweg bilden im Sommer einen angenehmen Schattengang. Einige Schritte weiter beginnt der »Garten der Generationen«. Es wurden verschiedene Allwettergeräte installiert, die einladen, etwas für die Gesundheit zu tun. Am dazugehörenden Weg stehen als Allee angeordnet insgesamt 14 Kugelahorne. Die 2008 gepflanzten Bäume geben diesem modernen Parkteil die gestalterische Linie. Wer den etwa 5 Hektar großen Kurpark Richtung Süden verlässt, kann auf einem ausgeschilderten Rundwanderweg eine kleine, landschaftlich reizvolle Tour unternehmen.

▼ Kastanien- und Kugelahornallee im Kurpark

An einem nach Westen abzweigenden Wanderweg zur Burgruine Limberg fallen alte, in Reihe gepflanzte Sommerlinden ins Auge. Bei ihnen ist eine eindeutige Nennung der Art möglich, da diese Bäume sogar anerkanntes Saatgut liefern.

Ziel und Wendepunkt des 3,5 Kilometer langen »Wanderweges Mühlenbachtal« ist das Gut Crollage. Am abschüssigen nördlichen Zufahrtsweg zur Gutsanlage stoßen wir erneut auf eine kleine Rosskastanienallee, die insgesamt 22 Bäume umfasst. Obwohl die Allee eine klare Symmetrie in der Anordnung der Bäume aufweist, kommt sie von außen durch das Straßenbegleitgrün der nahen Landesstraße und die tief herabhängenden Äste der östlichen Kastanienreihe kaum zur Geltung. Erst beim Hindurchgehen erschließt sich der homogene Eindruck einer alten Gutsallee. Nur aus der Ferne kann man auf dem weiteren Weg einen Blick auf den Rest einer früheren Pyramideneichenallee werfen, die auf der Gutsanlage hinter einem großen Gittertor verborgen Teil der ehemaligen Parkanlage gewesen ist. Der Rückweg zum Kurpark führt durch ein zum Gut gehörendes naturnahes Wäldchen und dann entlang der Bahnstrecke Rahden - Bielefeld. In diesem reizvollen letzten Abschnitt hat man einen schönen Blick auf den Limberg, eines der wertvollsten Waldnaturschutzgebiete des Kreises.

Neugierig machte mich der Straßenname »Brunnenallee«. Er passt gut zu einem Kurort. Etwas Alleenähnliches konnte ich allerdings an der Zufahrtsstraße zur Rehaklinik Holsing nicht finden. Meine Enttäuschung wich, als ich zufällig an einer abzweigenden verlassenen Wegeparzelle zwölf große Bergahornbäume – auf jeder Seite sechs – erblickte. Die deutlich unter der 100 Meter Längenmarke liegenden Baumreihen sind aber schon deshalb nennenswert, da sie vermutlich die ältesten noch verbliebenen Alleebäume in Bad Holzhausen sind. Recherchen ergaben, dass an dieser Stelle bis 2001 der Kurbetrieb Jürgensen lag. Die Allee führte zum Hauptportal des Kurhauses. 2014 wurden die leer stehenden Gebäude zwar abgerissen, die Allee blieb jedoch glücklicherweise verschont. Vielleicht können die markanten Ahornbäume bei einer Neuplanung des Areals Berücksichtigung finden. ●

▼ Die Kastanienallee am Gut Crollage erinnert von außen eher an einen Waldrand.

▲ Kreisstraße 80

▼ Ansätze einer Ebereschenallee an der Hüffer Straße

Linden-Ahorn-Allee an der K 80 zwischen Offelten und Hedem

Am Ortsausgang von Offelten beginnt nach einer scharfen Linkskurve an der Hedemer Straße eine erstaunlich lange Allee. Bereits zu Anfang des letzten Jahrhunderts standen an der Kreisstraße beidseitig Obstbäume, die – wie an vielen anderen Orten auch – in den 1960er-Jahren gerodet wurden. Wenig später folgte jedoch eine neue Allee, jetzt mit Linden gestaltet. Die gegenständig angeordneten Bäume wurden im Pflanzabstand von rund 18 Metern gesetzt, nur unterbrochen von den Sichtdreiecken an einmündenden Straßen und Wegen. Auf 1,6 Kilometern Länge bilden die hoch aufgeschossenen Linden eine imposante, teils geschlossene homogene Allee. Allerdings mussten jüngst gravierende Schnittmaßnahmen durchgeführt werden. Ob die Bäume diesen Eingriff verkraften, muss sich noch erweisen.

Am Ende der Lindenreihen in der Nähe des Wasserwerks ändert sich das Bild. Eine querende Mittelspannungsleitung erzwang eine kurze Unterbrechung, bevor sich die Allee weiter fortsetzt. Jetzt sind es Berg- und Spitzahornbäume, die den Ton angeben. Der Bestand wird lückenhafter und der eben noch hervorgehobene homogene Gesamteindruck schwindet.

Hier an der K 80 befinden wir uns in der längsten zusammenhängenden Allee des Kreises Minden-Lübbecke. Sie misst beachtliche 2,7 Kilometer. Das sollte Ansporn genug sein, alles für den Erhalt zu tun.

Eine Überraschung wartet noch am nördlichen Ende der Allee. Biegt man in die Hüffer Straße ein, folgen abschnittsweise Partien von Ebereschen. Im Herbst leuchtet entlang der Gemeindestraße die Farbenpracht der Vogelbeeren. Obwohl die kleinen Bäume auf beiden Straßenseiten stehen, bilden sie keine Allee. Dafür sind die Lücken zu groß. Doch der Platz wäre vorhanden, die Baumreihen aufzufüllen und eine erste Ebereschenallee im Kreisgebiet anzulegen. So könnte bereits die Zufahrt zum weithin bekannten Schloss Hüffe auf einer Länge von immerhin 1,5 Kilometern mit einer Besonderheit aufwarten. ●

Lindenallee »Am Schierfeld«

Heute ist die Straße »Am Schierfeld« in Getmold an der Grenze zur Gemeinde Stemwede verkehrstechnisch unbedeutend. Einst verlief hier die L 557. Doch nach dem Neubau der Landesstraße, in nahezu gerader Linie östlich gelegen, ist sie zum städtischen Wirtschaftsweg herabgestuft. Solche abgehängten Schleifen mit Resten der ursprünglichen Alleebepflanzung sind besonders spannend.

Immerhin 50 Linden blieben erhalten. Es fällt auf, dass sie seit dem Ausbleiben der Verkehrsbelastung aufatmen. Die Freihaltung von Lichtraumprofilen ist nur noch eingeschränkt erforderlich; ein Verzicht, den die Linden mit der Ausbildung großer gleichmäßiger Kronen danken. Leider sind die Lücken auf dem 800 Meter langen Teilstück sehr groß. Das vertraute Bild einer kompakten Allee ist zwar verschwunden, doch dort, wo sich Baumpaare gegenüberstehen, kann man erahnen, wie die Allee früher vielleicht einmal aussah. Ungeachtet der Fehlstellen besitzt diese Allee eine besondere Ausstrahlung. Man sollte versuchen, zu rekonstruieren, wie sie zu Zeiten des Chausseebaus aussah. Noch ist das Anschauungsmaterial vorhanden. Viele Fragen stellen sich. Welche Lindenarten und -sorten sind zu finden? Wie sahen früher die Schnittmaßnahmen aus? In welchem Pflanzabstand und Verbund ging man vor? Lässt sich von dem Rest einer historischen Allee sprechen? Immerhin ist der preußischen Uraufnahme von 1837 zu entnehmen, dass damals eine wohl überörtliche Wegeverbindung im Schierfeld verlief. Ganz aktuell stellt sich natürlich auch die Frage nach der ökologischen Bedeutung. Auf jeden Fall sollte dieses Landschaftselement mit all seinen Bestandteilen erhalten bleiben. Welcher Wert ihm in der Alleenforschung zukommt, darf man gespannt abwarten.

Rahden

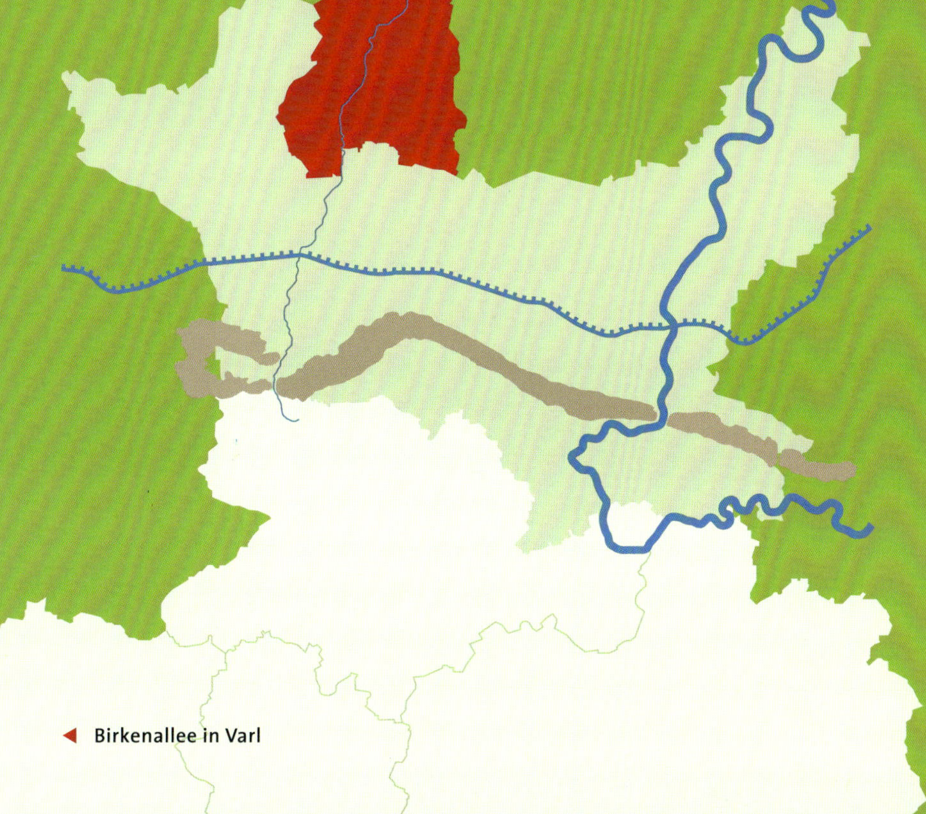

◄ Birkenallee in Varl

▲ Birkenalleen in Tonnenheide, Kleinendorf und Varl

Birkenalleen in Tonnenheide, Kleinendorf und Varl

Vegetationskundlich gehört die Rahdener Landschaft zum Eichen-Hainbuchengebiet. Erfreulicherweise gibt es noch an vielen Wirtschaftswegen einen Bewuchs mit standortgerechten Sandbirken und Stieleichen. Dabei ist der Übergang vom allgemeinen Straßenbegleitgrün zur Allee fließend. Vielfach wechseln sich beidseitig baumbestandene Wegabschnitte ab mit einseitigen Baumreihen oder auch heckenartigen Strukturen. Von den zahlreichen Birkenalleen sehen wir uns unterschiedliche Ausprägungen in Tonnenheide, Kleinendorf und Varl näher an.

Am Brandheideweg in Tonnenheide befindet sich in seinem südlichen Abschnitt auf 350 Metern Länge eine etwa 50 Jahre alte homogene Birkenallee mit teils geschlossenem Kronendach. Auch Eichen sowie vereinzelt Erlen und Eschen kommen vor. Die Birken haben einen Stammumfang bis zu 1,50 Meter; ihr Pflanzabstand schwankt zwischen 6 und 20 Metern. Der nur leicht befestigte 3 Meter breite Feldweg führt in Richtung Norden zum Tonnenheider Ortskern und hat in seinem weiteren Verlauf, dann schon stärker ausgebaut, immer wieder auch Alleecharakter. Nahe der Birkenallee liegt der Osterwald. Er gehört als »Natura 2000«-Gebiet zu den Juwelen der europäischen Kulturlandschaften. Bei »Natura 2000« handelt es sich um ein staatenübergreifendes ökologisches Netz von Schutzgebieten, das dem Erhalt der biologischen Vielfalt in Europa dient. Der zu Espelkamp und Rahden gehörende Osterwald besteht auf einer Fläche von 112 Hektar aus Resten des selten gewordenen Eichen-Hainbuchenwaldes. Die geforderte naturverträgliche Waldbewirtschaftung ist für den landeseigenen Forstbetrieb eine gern übernommene Verpflichtung. Sie ist sogar in der Kernzone, einem »Wildnisentwicklungsgebiet«, seit den 1990er-Jahren völlig eingestellt worden, sodass sich ein überdurchschnittlicher Alt- und Totholzbestand einstellt.

Eine weitere interessante Allee befindet sich in Kleinendorf. Der Straßenname »In den Birken« verrät bereits, dass auch hier die Sandbirke den Ton angibt. Bemerkenswert ist das städtische Engagement, mithilfe von Neuanpflanzungen den Charakter der Allee langfristig zu erhalten. Die schmale, aber lang gezogene Straße ist ein typisches Beispiel für die Vielfalt der Rahdener Birkenalleen. Ganz unregelmäßig, fast alleenuntypisch sind die Bäume angeordnet. Zwischen den Birken wachsen immer wieder Eichen empor und auch weitere Gehölze wie Vogelbeere, Weißdorn und verschiedene Weidenarten gesellen sich dazu.

Wieder anders präsentiert sich eine Birkenallee am westlichen Stadtrand in Varl. Anfang der 1970er-Jahre hat die Flurbereinigung die Landschaft umgekrempelt. Flächen wurden zusammengelegt, Wasserläufe kanalisiert und Wirtschaftswege ausgebaut. Ein typisches Beispiel ist die neu angelegte Straße zwischen der Varler Straße (L 769) im Norden und der Leverner Straße (L 557) im Süden. Die in Nord-Süd-Richtung verlaufende, etwa 2 Kilometer lange, fast schnurgerade Wegeverbindung wurde beidseitig mit Gehölzen bepflanzt. Im mittleren Teil entstand eine reine Birkenallee, die heute zu einer malerischen, erstaunlich homogenen und weitgehend geschlossenen Allee herangewachsen ist. Paradox, aber der Flurbereinigung sei Dank.

Nur 600 Meter Luftlinie entfernt vom südlichen Ende der Alleenstraße liegt der Schnakenpohl, eines der ältesten westfälischen Naturschutzgebiete. Die Geschichte des Schnakenpohls ist sorgfältig dokumentiert. Dr. Heinz Bremer hat sie in seinem 2002 erschienenen umfassenden Werk »Aus Gletschereis gewachsen – Landschaft des nördlichen Wiehengebirgsvorlandes« beschrieben. Eine von ihm 2005 zusätzlich erschienene 41-seitige Broschüre mit dem Titel »Der Schnakenpohl – Heideweiher im Varler Wald« fasst alles Wichtige in anschaulicher Form zusammen. Damit hat sich der Heimatverein Varl-Varlheide e.V. als Herausgeber beider Publikationen zusammen mit dem damaligen Ortsheimatpfleger Reinhard Stevener große Verdienste um diesen kostbaren Schatz der Natur erworben.

Während an den Haupt- und Nebenstraßen sowie Hofzufahrten Birkenalleen gezielt angepflanzt wurden, dürften viele Gehölzreihen an den Wirtschaftswegen ihr heutiges Aussehen der natürlichen Entwicklung verdanken. Ob das im Sonnenlicht strahlende Weiß der Birkenstämme in dieser Fülle noch lange die Rahdener Parklandschaft bereichert, ist fraglich, denn die extreme Trockenheit in den Sommermonaten von 2018 und 2019 hat gerade der Sandbirke schwer zugesetzt. ●

▼ **Naturschutzgebiet Schnakenpohl** · Foto: Winrich Dodenhöft

Bocks Allee

Diese Lindenallee ist ohne Zweifel Rahdens Glanzstück. Sie liegt unweit der Innenstadt im Ortsteil Kleinendorf und führt zum sogenannten »Schloss Rahden«, einem Senioren-Ruhesitz. Eine wechselvolle Geschichte liegt hinter dem Anwesen. Sie hängt eng zusammen mit der im Dreißigjährigen Krieg durch Zerstörungen und Brandschatzungen verwüsteten Burg Rahden, die nur 200 Meter nördlich lag. 1711 entstand auf dem Gelände des heutigen Senioren-Ruhesitzes das »Neue Amtshaus«. Es wurde gebaut als Ersatz für die nicht mehr bewohnbare Burg. 1829 erwarb die Rahdener Familie Bock die Ländereien und Gebäude, die seitdem als Gut Rahden bewirtschaftet wurden. Das 1882 von Hermann Adalbert Bock erbaute Herrenhaus ist noch gut erhalten und heute Verwaltungssitz der Dr. Bock-Gruppe. Kurz nach dem Bau des Herrenhauses dürfte auch die heutige Lindenallee gepflanzt worden sein. Allerdings reicht der Alleenstandort deutlich weiter zurück. Bereits in der Ansicht der Gemarkung Kleinendorf mit der Burg vom Oktober 1738 ist eine Signatur mit beidseitig eines Weges gezeichneten Baumsymbolen enthalten. Vermutlich bedeutet der erkennbare Schriftzug sogar »Allee«.

▼ **Kartenausschnitt mit der Allee** (Quelle: LAV NRW W, W051 | Karten A Nr. 16692)

Auch das Urmesstischblatt von 1837 enthält eine deutliche Alleensignatur. Im vorderen Teil, etwa dort, wo sich heute die Allee befindet, bestand also auch früher bereits ein baumbestandener Weg. Er führte auf einem wohl baumlosen Damm durch sumpfiges Gelände zum Torhaus der Burg. Leider gibt es bisher keine Erkenntnisse über das Aussehen der Allee im 18. Jahrhundert.

Aber wenden wir uns der seit 1972 unter Naturdenkmalschutz stehenden Allee in ihrem heutigen Aussehen zu. Insgesamt 54 Linden säumen die Straße. Sie stehen verteilt auf 250 Metern Länge in einem Pflanzabstand von etwa 10 Metern. Die Bäume sind gegenständig ohne größere Lücken angeordnet. Durch das nahezu geschlossene Kronendach ergibt sich eine ganz besondere Atmosphäre, die je nach Jahreszeit und Lichtverhältnissen immer wieder neue Bilder erzeugt. Der Baumumfang schwankt zwischen 2 und 3 Metern, nur eine Linde im mittleren Bereich fällt mit einem Umfang von 3,40 Meter aus dem Rahmen. Die Lindenallee lag noch vor 60 Jahren in der freien Feldflur. Heute sind die Ränder zu beiden Seiten vollständig bebaut. Offensichtlich erfährt sie viel Zuspruch und meistert ihre neue Rolle als innerstädtische Allee mit Bravour.
In Verlängerung der historischen Allee nah des Herrenhauses fällt eine mächtige, ausladende, deutlich ältere Linde als Solitärgehölz auf. Da sie etwa in der Flucht der Alleebäume steht, ist sie vielleicht übrig geblieben aus dem Bestand einer früheren Allee. Wer weiß? Erwähnenswert ist noch eine danebenstehende Stieleiche, die mit einem Stammumfang von rund fünfeinhalb Metern zu den mächtigsten Eichen im Kreis Minden-Lübbecke zählt. Sie wurde bereits 1938 vom damaligen Kreis Lübbecke als eine der Ersten unter Naturdenkmalschutz gestellt. Beide Bäume sowie auch eine weitere Linde und eine Platane am Herrenhaus kamen später als Naturdenkmale hinzu. Obwohl ein historischer Gutspark fehlt, ist »Schloss Rahden« für Baumfreunde einen Besuch wert. ●

◀ **Bocks Allee um 1900** (Stadtarchiv Rahden)

und heute ▶

Noch führt auf dem Grenzwall ein begehbarer Pfad entlang.

Grenzwall Preußisch Ströhen

Eine gewöhnliche Allee sieht wahrlich anders aus. Dennoch weist der »Grenzwall Pr. Ströhen« nördlich der Spreenhöfe typische Elemente einer Allee auf. Es handelt sich um einen ehemaligen Fußweg, der zu beiden Seiten mit Bäumen bepflanzt wurde. Die erhöhte Lage auf einem angeschütteten Wall war erforderlich, da man nur so trockenen Fußes vorankam. Die angrenzenden Flurbezeichnungen »Spreenmoor« und »Spreenbruch« weisen bereits darauf hin, dass es sich früher um feuchtes Land handelte. In diesem nördlichsten Zipfel des Kreises Minden-Lübbecke kommen seit jeher alle großen Fließgewässer des Altkreises Lübbecke zusammen, bevor sie als Große Aue weiter Richtung Weser streben. Bei Hochwasserereignissen standen in Preußisch Ströhen noch in den 1950er-Jahren große Flächenanteile unter Wasser. Erst die Kanalisierungsmaßnahmen an Großer und Kleiner Aue sowie dem Großen Diekfluss in den Folgejahren änderten die Situation grundlegend.

Wohin führte nun der Pfad auf dem Wall? Die Erklärung liefert Carsten Schwier in seinem Aufsatz »Herrschaft und Siedlung im Bereich Pr. Ströhen«.[13] Es handelt sich demnach um eine historische Wegeverbindung von den Spreenhöfen zum sog. »Ohlacker«, dem ältesten Ackerland in Ströhen. Ob der Wall auch die Grenze zwischen den beiden Höfen Spreen 1 und 2 markiert, scheint aufgrund der örtlichen Gegebenheiten eher fraglich. Auch Angaben zum Alter des Walles fehlen. Vermutlich ist er gegen Ende des 19. Jahrhunderts entstanden.

Aufgrund seiner besonderen kulturhistorischen und naturschutzfachlichen Bedeutung steht der »Grenzwall Preußisch Ströhen« bereits seit 1953 unter Naturdenkmalschutz. Auch heute noch dominieren im nördlichen Teil des etwa 900 Meter langen Walles die Kiefern, während in der südlichen Hälfte Birken und Eichen vorherrschen. Weitere Gehölzarten wie Eberesche, Faulbaum und Ilex sind hinzugekommen. Der beidseits mit Gräben flankierte, 1 bis 2 Meter hohe und ursprünglich bis zu 4 Meter breite Wall schrumpft zunehmend. Umstürzende Bäume und in der Folge abgeschwemmtes Erdreich setzen ihm sehr zu. Auch wenn der »Grenzwall Preußisch Ströhen« langsam feldgehölzartige Strukturen annimmt, so ist er mit seinen alten Birken und Eichen allemal schutzwürdig. Und da der Fußweg heute noch, wenn auch beschwerlich begehbar ist, können wir ruhig zusätzlich den Begriff «Allee« verwenden. ●

Eichenallee am Varler Schulweg

Diese Allee war ursprünglich als solche gar nicht geplant. Es begann mit der Anpflanzung einer Reihe von Stieleichen an der Westseite des heutigen Varler Schulweges. Die Maßnahme geht zurück auf eine private Initiative des angrenzenden Landwirtes. Vor nunmehr 100 Jahren entstand eine dichtgepflanzte Baumreihe, die anfangs nur einen Teil des Wirtschaftsweges betraf und später Richtung Norden ausgeweitet wurde. Die zur Holzgewinnung angepflanzten Eichen standen teilweise nur 2 Meter auseinander. An einer Stelle im mittleren Alleenbereich ist diese ungewöhnliche Anordnung bei vier Eichen noch sichtbar. Über die Jahre hinweg wurden mindestens 25 Eichen entnommen, sodass heute einige Lücken und Abstände von 4 bis 6 Metern die Regel sind. Die Eichenreihe auf der Ostseite des Weges legte die damalige Gemeinde Varl in den 1950er-Jahren an. Vielleicht stand die Anpflanzung in Verbindung mit der neu errichteten Volksschule, die im September 1957 eingeweiht wurde. Ein schattenspendender und windgeschützter Schulweg könnte das Ziel gewesen sein. Die Baumabstände liegen bei etwa 6 Metern, wobei auch auf dieser Seite einige Lücken vorhanden sind.

◄ Blick aus südwestlicher Richtung auf die kompakt stehenden Stieleichen

► und in das Innere der Allee

Am Schulgelände ändert sich das Bild der insgesamt 500 Meter langen Allee deutlich. Auf der Westseite setzt sich die kompakte Baumreihe bis zum Abschluss an der Varler Straße (L 769) fort, hingegen fallen auf der Ostseite große Lücken ins Auge. Sie geben den drei hier noch stehenden mächtigen, efeuberankten Alteichen Raum.

Obwohl die insgesamt 164 Eichen am Varler Schulweg hinsichtlich Alter und Baumabstand eine große Bandbreite aufweisen, ist daraus erstaunlicherweise eine sehr schöne, weitgehend geschlossene Allee geworden. Es ist in diesem Fall durchaus vertretbar, wenn nach fachlicher Abstimmung mal die eine oder andere Eiche – wie ursprünglich geplant – genutzt wird, sofern der Alleecharakter durch Neuanpflanzungen erhalten bleibt. Es sei noch angemerkt, dass am Varler Schulweg im an sich alleenreichen Rahden, die einzige alte Eichenallee zu finden ist.

Doch es besteht Hoffnung, dass es nicht dabei bleibt. Die parallel zur Kleinen Aue neu gebaute Konrad-Zuse-Straße führt in Nord-Süd-Richtung in das Gewerbegebiet Rahden-Ost. Auf einer Länge von etwa einem Kilometer hat die Stadt Rahden 1990 eine Eichenallee gepflanzt. Vor allem im südlichen Teil rückt der typische Alleencharakter durch zwischen den Eichen stehende dichte Wände aus Weißdorn in den Hintergrund. So liefert diese Allee mit ihren zahlreichen Nistplätzen für Singvögel bereits jetzt einen wertvollen Beitrag zum Artenschutz. Und in 100 Jahren gehört sie hoffentlich in die Reihe der altehrwürdigen Eichenalleen. ●

▲ **Erst im Luftbild erkennt man das komplette Alleen-Dreieck.** · Foto: Lothar Meckling

▼ **Tonnenheider Straße (K 63)**

▼ **Lindenallee zum Hof**

Alleenensemble Weddingfeld

Gleich drei Alleen treffen am Weddingfeld an der Stadtgrenze zwischen Rahden und Espelkamp zusammen. Eine ungewöhnliche Konstellation, die wir näher betrachten wollen.

Es beginnt mit einer jungen Eichenallee. Sie führt auf rund einem Kilometer Länge mit Unterbrechungen an der Tonnenheider Straße (K 63) entlang. Die wechselständig angeordneten Bäume stehen im Abstand von rund 18 Metern. Sie ergeben ein ruhiges, homogenes Bild, ohne besonders aufzufallen.

Im Unterschied dazu sind die beiden privaten Alleen ein echter Blickfang. Sie zweigen von der Kreisstraße ab und laufen im spitzen Winkel auf den Hof Weddingfeld zu. Die nördliche, 1970 gepflanzte Hofallee besteht aus insgesamt 33 rotlaubigen Ahornbäumen, die wechselständig angeordnet sind. Die dichte Abfolge von 8 Metern Pflanzabstand und die intensive Färbung lassen die Bäume schon von Weitem erstrahlen. Ihre Schwesterallee, die von Süden zu den Hofgebäuden führt, ist rund 15 Jahre älter und erinnert im Aussehen eher an eine gediegene Gutsallee. Hier sind es insgesamt 30 Linden, die im gleichen Pflanzabstand, jetzt aber gegenständig angeordnet den Rahmen bilden. Gestalterisch gut gelöst, schaut man durch die geschlossene Lindenallee hindurch direkt auf das Scheunentor der Hofanlage. Am Anfang und am Ende der Allee steht jeweils ein starker Eichenbaum, so als wollten beide die jüngeren Linden beschützen.

Auch auf dem Hofgelände sind es die für diesen Landstrich typischen Stieleichen, die in einer Reihe die Verbindung zwischen beiden Alleen herstellen. Im Inneren des Dreiecks fällt ein kleiner, mit Röhricht zugewachsener Tümpel auf, umgeben von Grünland, das vielleicht als i-Tüpfelchen dieser Alleenszenerie zu einer artenreichen Wiese entwickelt werden könnte. ●

Lindenallee an der Varlheider Straße

Schon der damalige Kreis Lübbecke hat seine eigene Kreisstraßenallee aus Linden an der Varlheider Straße wertgeschätzt und sie unter Naturdenkmalschutz gestellt. Eine gute Entscheidung, denn so ist sie uns im Unterschied zu vielen anderen erhalten geblieben. In den 1970er-Jahren folgten jedoch gravierende Maßnahmen in Form von Kappungen auf 5 bis 6 Meter Höhe. Dadurch entstanden Folgeschäden, die bis heute die Allee zu einem aufwendigen Pflegefall machen. Dennoch bilden die 55 Altbäume mit einem Stammumfang bis zu 3 Metern immer noch eine imposante Kulisse.

Einige Baumfällungen hinterließen Lücken, die bisher nur zögerlich mit Jungbäumen geschlossen wurden. Weitere Anpflanzungen sollten bald erfolgen. Sicherlich geht dadurch das homogene Alleenbild mit gleichaltrigen Baumreihen nach und nach verloren. Dieses letzte Zeugnis einer Anfang des 20. Jahrhunderts angelegten Kreisstraßenallee im Lübbecker Land ist langfristig nur dann in seiner gesamten Ausdehnung von 500 Metern zu erhalten, wenn in den Fehlstellen konsequent Nachpflanzungen erfolgen.

Südlich der Allee begannen 1989 die ersten Bauarbeiten zur Renaturierung der Großen Aue. Das Projekt galt seinerzeit als Modellvorhaben für neuartige Bodenordnung in Nordrhein-Westfalen. Auf einer Länge von 25 Kilometern sollte die Große Aue mit einem Kostenaufwand von 26 Mio. DM wieder naturnah gestaltet werden. Im ersten Bauabschnitt, dem später noch 15 weitere folgten, entstand ein Nebengewässer, wurden Deiche verlegt, extensives Grünland geschaffen und zahlreiche Gehölze gepflanzt. Umgangssprachlich heißt der Straßenabschnitt an der Großen Aue übrigens »Kolbusallee«, nach dem Namen eines großen Maschinenbauunternehmens, das in unmittelbarer Nähe seinen Hauptfirmensitz hat. ●

▼ **Blick in die Lindenallee** · Foto: Lothar Meckling

Stemwede

- 48 Badeallee Levern
- 49 Lindenkreuz auf dem Friedhof Levern
- 50 Hofallee Nolte
- 51 Apings Obstbaumallee
- 52 Waldallee Döpkerott
- 53 Ahornallee an der Stemwederberg-Straße
- 54 Lindenallee Reininger Straße

◄ Wilhelm Aping präsentiert im »Corona-Abstand« seine Hofallee in schönster Blütenpracht.

Badeallee Levern

Kein Autoverkehr, über den Köpfen das dichte Blätterdach alter knorriger Eichen und ein Wechselspiel von Licht und Schatten machen den Reiz dieses Weges aus. 500 Meter lang ist die in exakter Nord-Südausrichtung vom Ortskern zur Badeanlage führende Allee. Auf einem kleinen Rundwanderweg, der sich im Norden anschließt, kann man den Spaziergang ausdehnen. Eine natürliche Schwefelquelle führte dazu, dass hier 1835 ein kleines Bauernbad mit einem Kurpark entstand. Die damals angelegte Eichenallee avancierte schnell zum herausragenden Element der Kuranlage. Sie ist bereits in der Königlich Preußischen Landesaufnahme von 1896, Blatt Preußisch Oldendorf enthalten. 1951 wurde ein neues Badehaus errichtet, das bis heute erhalten geblieben ist. Der öffentliche Badebetrieb allerdings ruht.

Ganz selten findet man auf Ansichtskarten Alleenbilder. Für den Badeort Levern allerdings existieren gleich mehrere Postkarten, auf denen als Motiv auch die Badeallee sowohl gezeichnet als auch fotografiert abgebildet ist. Vom Ende des 19. Jahrhunderts bis in die 1950er-Jahre verschickte man gern Grüße aus »Bad Levern«, wie es damals hieß. Mal enthielten die Ansichtskarten als Bildunterschrift die Formulierung »Waldweg zum Badehaus«, dann wieder »Badeallee«.

Ansichtskarte um 1900 (eigene Sammlung)

Anfang der Jahrtausendwende stieg die Sorge, dass die Eichen, die teils mächtige Stämme mit einem Umfang bis zu 3,40 Metern ausgebildet haben, nicht mehr der Verkehrssicherheit genügen. Ein 2008 erstelltes Fachgutachten gab dann aber Entwarnung. Außer der Notwendigkeit, vier Eichen wegen umfangreicher Schäden und fehlender Bruchsicherheit zu fällen, wurde der Allee ein ihrem Alter und Standort entsprechender, zufriedenstellender Zustand attestiert. Sie besteht heute aus 135 Eichen und einigen Begleitholzarten, die sich über die Jahre hinweg dazugesellten. Die Bäume stehen in unregelmäßiger Entfernung zueinander. Teils beträgt der Pflanzabstand nur 2 bis 3 Meter, dann aber auch rund 10 Meter. Die bisher letztmalige Nachpflanzung von 4 Stieleichenhochstämmen mit einem Umfang von 12 - 14 Zentimetern erfolgte 2013. Bisher ist der Erdweg provisorisch mit Asphaltstücken, Schottersteinen und roten Klinkerresten befestigt. Vielleicht lässt sich in Zukunft in Abstimmung mit dem Natur- und Denkmalschutz der historische Wegebelag rekonstruieren. Im vorderen Teil haben sich Wohnbebauung und ein Seniorenheim nah an die alten Eichenbäume herangeschoben. Hoffentlich kommen beide weiterhin gedeihlich miteinander aus. Eigentümerin der Badeallee ist die Gemeinde Stemwede. Sie kümmert sich zusammen mit der unteren Naturschutzbehörde sehr engagiert um den Fortbestand der unter Naturdenkmalschutz stehenden Allee. ●

▼ **Die Badeallee im Sommer 2007** · Foto: Karin Jakob

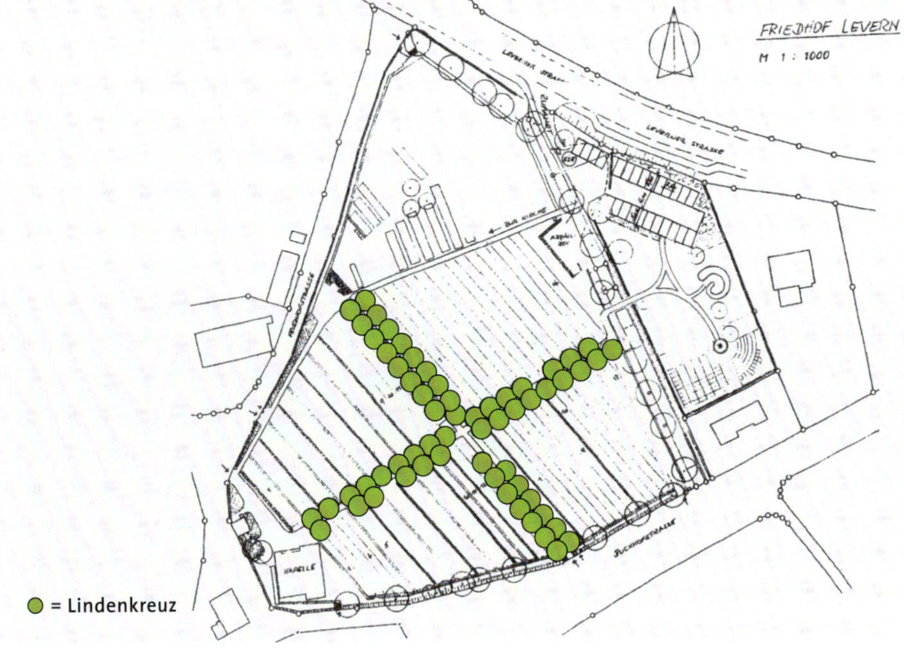

Friedhof Levern
(S-W Zeichnung: Fritz Thoms-Meyer, 2011)

Lindenkreuz auf dem Friedhof Levern

Viele historische Friedhöfe ähneln sich in ihrer geometrischen Grundstruktur. Alleen an den Hauptwegen sind dabei ein häufiges Gestaltungselement. Ein derart markantes Alleenkreuz, wie es auf dem Leverner Friedhof besteht, ist allerdings selten. Eine genauere Altersangabe zu den Alleen, die bei Friedhofsanlagen zuweilen überliefert ist, scheint hier schwierig. Es gibt praktisch keine Quellen, die Auskunft geben über den Friedhofsplan und den projektierten Baumbestand des 1818 unweit der Kirche angelegten Friedhofs. Interessant ist die von Pfarrer Karl-Heinz Jessen in seinem Aufsatz »Die Kirchengeschichte Leverns« in der Ortschronik »Tausend Jahre Levern« getroffene Feststellung. »Der schöne Linden-Kreuzweg unseres Friedhofes wurde im Jahre 1872 angelegt.«[14] Allerdings ist auf der preußischen Kartenaufnahme von 1891 - 1912 kein Alleenkreuz erkennbar. Dargestellt sind nur Baumsignaturen an den Rändern des Friedhofes. Vielleicht reichen die gestalterischen Anfänge in das Jahr 1872 zurück und erst später, vermutlich zum Ende der Amtszeit von Pfarrer Emil Lohmeyer, der von 1880 bis 1909 in Levern wirkte, wurden die Alleen in ihrer heutigen Ausprägung fertiggestellt.

Das Grundgerüst des Friedhofs besteht aus vier Grabfeldern zwischen den sich kreuzenden Alleen, weitere neue Felder im Norden und Osten schließen sich an. Fünf erhaltene alte Linden am Ostrand des Friedhofs deuten darauf hin, dass die ersten Bepflanzungen an den Rändern erfolgten. Auf der Südseite neben dem schmiedeeisernen Eingangstor stehen weitere Altbäume. Pfarrer Thomas Horst wies bei einer Ortsbesichtigung besonders auf eine von vormals mehreren Robinien hin. Diesem Baum ist schon viel Liebe und Pflege zuteilgeworden und er dankt es durch gutes Wachstum.

Das Alleenkreuz besteht aus 65 Linden, die einen Stammumfang zwischen 1,50 Meter und 2,50 Meter aufweisen. Längenmäßig übertrifft die Ost-West-Allee mit 110 Metern die Nord-Süd-Verbindung mit 100 Metern geringfügig. Die Bäume stehen gegenständig in einem Pflanzabstand von ca. 5 Metern nahezu lückenlos. Sie haben bereits mehrere Kappungen in unterschiedlicher Höhe hinter sich. Die schmalen Wege sind mit einem Kleinpflaster aus Basaltsteinen befestigt. Sie tragen erheblich zum harmonischen Gesamteindruck bei. Bereits mehrfach wurden Linden nachgepflanzt, sodass ein langfristiger Erhalt des Alleenkreuzes gesichert scheint. ●

Hofallee Nolte

Ganz traditionsbewusst führt eine schmucke geschlossene Eichenallee zum heutigen Wohnhaus. Bereits in der preußischen Generalstabskarte von 1837 ist der Hof Nolte an der Ortsgrenze zwischen Niedermehnen und Levern eingezeichnet. Altersmäßig zurückverfolgen lässt sich die Stieleichenallee bis ins Jahr 1860. Die Bäume stehen auf einer leichten Dammlage; insgesamt 26 sind es und zusätzlich eine Rotbuche, die sich offensichtlich inmitten der Eichen wohlfühlt. Die engen Pflanzabstände von 5 Metern haben zur Folge, dass die Allee ein eindrucksvolles Bild abgibt. Dass ihre Länge kaum 100 Meter misst, ist bei Hofalleen nicht untypisch. Sowohl an der Straße Nieland, von der sie abzweigt, als auch auf dem Hofgelände selbst schließen sich einige Stieleichen in Reihe gepflanzt an. Der anfangs gegenständig angeordnete Pflanzverband ändert sich kurz vor dem Hofraum, warum auch immer, in eine wechselständige Form. Nur durch Zufall bin ich auf diese historische Hofallee gestoßen. Ein Glück, denn sie genießt große Wertschätzung der Familie Nolte, wovon ich mich persönlich überzeugen durfte. ●

▼ Stieleichen säumen den Weg zum Wohnhaus.

Apings Obstbaumallee

Bunt gemischt in lockerem Verbund wird die Zufahrt zum Obsthof Aping in Westrup – passend zum landwirtschaftlichen Betriebszweig – von Obstbäumen gesäumt. 50 Gehölze sind es insgesamt; hohe und niedrige, alte und junge, morsche und vitale, es ist alles vertreten. Die 200 Meter lange Hofallee besteht schon seit über 100 Jahren. Bereits seit mehreren Generationen betreibt Familie Aping Obstanbau. Die sonnenverwöhnte Südseite des Stemweder Berges ist dafür ein guter Standort.

Nach den in der Allee stehenden Obstsorten gefragt, nennt Wilhelm Aping spontan die Hauszwetschge, Boskoop, Graue Herbstrenette und Westfälischen Gülderling als Apfelsorten und die Birnen Köstliche von Charneu, Clapps Liebling und Alexander Lucas. Es ist nicht zu übersehen; man ist bei einem Obstbauexperten zu Besuch.

Vor allem zur Obstbaumblüte ist der Privatweg zum Hofladen von auffallender Schönheit. Erfreulicherweise schmücken private Hofalleen in vielen Ortschaften die Zufahrt zu landwirtschaftlichen Anwesen. Obstbaumalleen sind allerdings nur ganz selten darunter. Und mit dieser beachtlichen Wegelänge und Sortenvielfalt dürfte der Obsthof Aping kaum zu übertreffen sein. ●

▼ Durch die blühende Obstbaumallee fällt der Blick auf den Stemweder Berg.

Waldallee Döpkerott

Sie ist weder besonders schön noch besonders alt, und dennoch geht von ihr eine gewisse Faszination aus. Es will so recht nichts zusammenpassen von dem, was ich zur Geschichte dieser Allee herausfinden konnte. Meine erste Vermutung, dass es sich um eine Maßnahme der Flurbereinigung handeln könnte, erwies sich als falsch. 1964 begann das Flurbereinigungsverfahren Twiehausen, in dessen Gebietskulisse wir uns befinden. Im Plan der »landschaftsgestaltenden Anlagen« vom November 1974 ist tatsächlich eine Allee verzeichnet, allerdings nicht in dem Umfang, wie sie sich im Gelände heute präsentiert. Näheres ließ sich dem Flurbereinigungsarchiv in Münster nicht entnehmen. Beim Ausbau der Straße Ende der 1960er-Jahre könnte die Allee schon bestanden haben. Vielleicht hat sie aber auch die damals noch eigenständige Gemeinde Twiehausen erst danach angepflanzt. Fragen an Einheimische zum Ursprung und dem ungewöhnlichen Waldstandort riefen nur Achselzucken hervor. Selbst die Bedeutung des Straßennamens »Döpkerott« ist für die lokalen Heimatforscher bisher noch ein Rätsel.

▼ Großes Rätselraten über den Ursprung der Allee

Doch kommen wir zur heutigen landschaftlichen Situation. Der nahe Hollwede in West-Ost-Richtung verlaufende Döpkerott-Weg – so nennt man ihn in Twiehausen – führt weitgehend durch Waldpartien, die als Ausläufer zum Lever Wald gehören. Alleebaum ist die Linde, die gegenständig im Pflanzabstand von 10 Metern angeordnet ist. Nach rund 400 Metern geht sie fließend in eine herkömmliche Walddurchfahrt über. Besonders prägnant kommt das Alleenbild im mittleren Teil mit gleichmäßig starken Bäumen ohne Lücken zum Ausdruck. Die insgesamt 66 Linden stehen mit weitgehendem Kronenschluss größtenteils im Wald und sind dennoch Straßenbäume. Bevor der Weg in die neue Twiehauser Straße (L 557) mündet, verläuft er noch gut 100 Meter auf der alten Trasse der Landesstraße. Ein übrig gebliebenes Lindenpaar kurz vor der Einmündung – wohl auch nur unwesentlich älter – ist der Rest einer weiteren Allee und stand vielleicht einmal in Verbindung zur »Waldallee Döpkerott«. Dieses Alleenporträt soll auch darauf aufmerksam machen, dass selbst Geschehnisse der jüngeren Geschichte drohen verloren zu gehen, wenn man ihnen keine Beachtung schenkt. ●

▼ **Hier hebt sich die Allee noch deutlich von der Umgebung ab, später verliert sie sich im Wald.**

Ahornallee an der Stemwederberg-Straße

Eine sehenswerte Ahornallee an der L 917 verbindet die beiden Ortschaften Oppendorf und Wehdem. Sie ist fast einen Kilometer lang und besteht aus insgesamt 68 Spitzahornbäumen. Die vereinzelt vorhandenen Lücken vermögen den homogenen Gesamteindruck dieser teils geschlossenen Allee nicht zu schmälern. Im Abstand von rund 20 Metern stehen die Bäume gegenständig angeordnet. Ihr Alter dürfte bei 60 Jahren liegen. Wir haben es hier mit einem echten Alleenjuwel zu tun. Weit und breit gibt es keine vergleichbare, rein aus Spitzahorn bestehende Allee. Vor dem Straßenausbau Mitte der 1950er-Jahre zu Zeiten, als die von Levern kommende Chaussee noch eine Kreisstraße war, schmückten sie lange Obstbaumreihen, wie ich im Kapitel 4 im Rahmen der Geschichte der Kreischausseen exemplarisch belegen konnte.

▶ Die Allee begrenzt einen Landschaftsraum ohne störende Bebauung, der dadurch zu den wertvollsten im stark zersiedelten Kreis Minden-Lübbecke gehört.

1998 wäre es fast zu einer weitgehenden Zerstörung gekommen, da der Bau eines Radweges offensichtlich die Fällung der südlichen Baumreihe voraussetzte. Wie Presseartikeln aus jener Zeit zu entnehmen ist, gab es erhebliche Proteste. Daraufhin blieb die Allee unangetastet. Es wurde sogar noch eine neue dritte Baumreihe entlang des Radweges gepflanzt, die gemäß den Planungsunterlagen aus Spitzahorn der Sorte »Olmsted« besteht. 44 Exemplare der eher kleinkronigen Variante wurden so platziert, dass sie jeweils in den Lücken zwischen den alten Alleebäumen stehen, ohne diesen zu viel Licht zu nehmen. Dadurch ist plötzlich eine dreireihige Allee entstanden.

Im April, wenn der Spitzahorn vor dem Blattaustrieb blüht, ist der Anblick ein besonderer Genuss. Von der Allee aus hat man einen schönen Blick auf die sanft ansteigende Landschaft am Stemweder Berg. Ungeachtet der großen Ackerflächen, denen die randliche Einbindung durch Hecken und Sträucher fehlt, fällt der weite offene Charakter des Freiraums auf. Im stark zersiedelten Mühlenkreis eine wahrlich seltene Erscheinung. Der Stemweder Berg selbst hat für Naturschutzinteressierte zusätzlich viel zu bieten. Alte Buchenwälder auf Kalkgestein in verschiedener Ausprägung mit europäischer Bedeutung (Natura 2000), dazu seltene Pflanzen und Tiere in großer Vielfalt bieten sich für Erkundungen an. Damit auch die strengen Naturschutzvorschriften zu ihrem Recht kommen, ist eine Exkursion mit Frau Dr. Inge Uetrecht, bekannt als Stemweder Kräuterfrau und Mitglied der Naturschutzwacht, sehr zu empfehlen. ●

Lindenallee Reininger Straße

Am Westrand von Dielingen nah der Landesgrenze zu Niedersachsen liegt die Reininger Straße. Sie ist auf 600 Metern Länge vom Ortsrand bis zur B 51 als Lindenallee ausgebildet. Die gegenständig angeordneten Bäume, die ungefähr 60 Jahre alt sein dürften, sind im weiten Abstand von rund 25 Metern gepflanzt und entfalten dadurch ihre Wirkung erst auf den zweiten Blick.

Ganz anders verhält es sich mit ihrer Schwesterallee im benachbarten Hunteburg. Sie beginnt einen Kilometer entfernt, hat den gleichen Straßennamen, die gleiche Baumart, ein vergleichbares Alter und sieht doch ganz anders aus. Der enge Baumabstand von 7 Metern und die doppelte Länge machen den Unterschied. Ein Schild am Ortseingang kündigt das »Alleen-Dorf Hunteburg« an. Und tatsächlich, bei den aus allen Himmelsrichtungen in den Ort führenden Straßen handelt es sich um Alleen von teils beachtlicher Länge. Zusätzlich tragen die imposanten Eichenreihen an der B 51 zwischen Dielingen und Bohmte zum Prädikat »Alleen-Dorf« bei.

Eine Rarität finden wir im Hunteburger Ortsteil Schwege in den Dammer Wiesen. Es handelt sich um eine Allee aus Schwedischen Mehlbeeren, die sogar Olaf Schulz in seinen Bildband »Die schönsten Alleen in Deutschland« aufgenommen hat. Er beklagt

◀ Lindenalleen in den Ortschaften Hunteburg und Dielingen ▼

darin: »Es ist eine weitbekannte Tatsache, dass es heutzutage für eine Allee schon ein regelrechter Schicksalsschlag ist, an einer intensiv bewirtschafteten Ackerfläche zu stehen. Und das kann sogar schlimmer sein als an einer viel befahrenen Straße. Doch dieser Fall ist von wirklich beispielloser Rücksichtslosigkeit. Auf 600 m Länge sind an der Westseite im Frühjahr 2006 genau 55 alte Mehlbeerbäume derartig verstümmelt worden, dass einem Alleenfreund fast das Herz stehen bleibt.« Tröstlich sind dann die weiteren Ausführungen: »Der bislang weitgehend vom Menschen unbeeinflusste Teil der Allee ist aber noch sehr schön. Neben etwa je einem Dutzend Eichen und Weiden steht auf 1,5 km Länge noch die stattliche Anzahl von 242 Mehlbeerbäumen. Sie mögen wohl in den 20er- oder 30er-Jahren des letzten Jahrhunderts gepflanzt worden sein. Dafür spricht die beachtliche Größe der Bäume von meist 8 m und um die 1,7 m Stammumfang.«[15] Der Niedersächsische Heimatbund hat sie im Mai 2016 zur »Allee des Monats« gekürt und hebt die üppige Blütenpracht hervor. Doch die Zahl der Mehlbeeren schwindet zunehmend und dichtes Weidengebüsch gewinnt die Oberhand. Hoffentlich kann dieses Hunteburger Alleenrelikt mit seiner Blütenfülle und dem leuchtenden Fruchtbehang im Herbst noch eine Zeit lang seinen Farbenzauber ausstrahlen. Mit diesem letzten Höhepunkt endet unsere Reise zu den Alleen an Weser und Wiehen. ●

▲ Bald überragt das Weidengebüsch die Mehlbeerbäume in der Hunteburger Feldflur.

Kapitel 6

Alleen im Überblick

▲ Eindrucksvolle alte Mehlbeer-Allee im thüringischen Eichsfeld nah Kefferhausen Olaf Schulz schreibt in seinem Alleen-Bildband hierzu, sie sei für ihn die schönste Allee Deutschlands.

(Stand: Juni 2020, LANUV NRW)

Statistische Auswertung des Alleenkatasters NRW für den Kreis Minden-Lübbecke

Stadt/Gemeinde	Alleenlänge	Anzahl	Lage in folgenden Bereichen		
	Meter		Innen	Außen	Übergang
Bad Oeynhausen	4.699	15	11	3	1
Espelkamp	6.790	15	–	12	3
Hille	6.982	8	1	3	4
Hüllhorst	2.501	5	–	1	4
Lübbecke	5.585	9	2	5	2
Minden	10.445	22	8	8	6
Petershagen	14.383	23	–	17	6
Porta Westfalica	1.826	6	2	–	4
Preußisch Oldendorf	6.770	8	1	7	–
Rahden	32.600	35	2	26	7
Stemwede	16.205	18	1	8	9
Kreis Minden-Lübbecke	108.786	164	28	90	46
gerundet in km	109				

Quelle: LANUV NRW, Stand Mai 2020

Die alleenreichsten Bundesländer

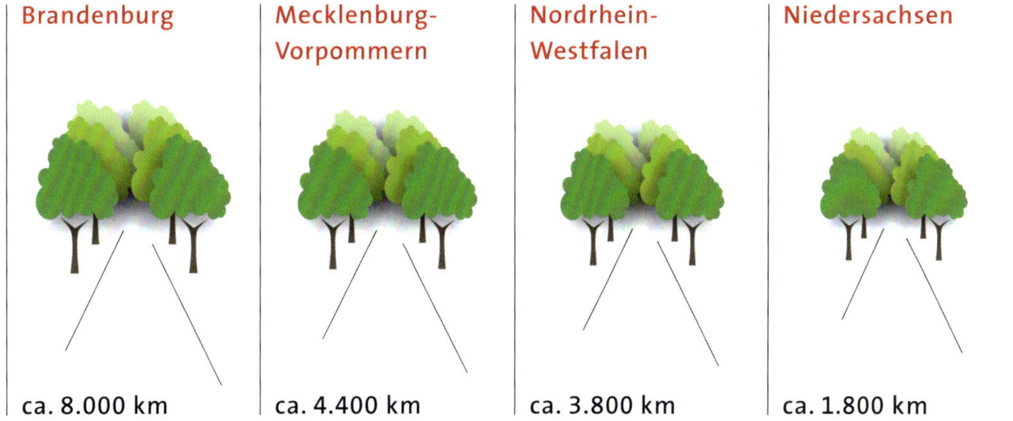

(Länge des jeweiligen Alleennetzes, Quellen: Zeitschrift Niedersachsen Spezial: Alleen, herausgegeben vom NHB, 01/2018. S. 62 f und LANUV NRW)

Alleen an:

Gemeindestraßen		Kreisstraßen		Bundes- und Landesstraßen		Fuß-, Rad- und Privatwegen	
Meter	Anzahl	Meter	Anzahl	Meter	Anzahl	Meter	Anzahl
4.005	12	–	–	–	–	694	3
3.108	9	2.864	3	265	1	553	2
601	2	1.236	2	4.680	3	465	1
866	2	1.203	2	432	1	–	–
2.338	5	1.474	1	803	1	970	2
4.976	11	1.729	4	2.237	5	1.503	2
5.556	8	6.234	11	2.593	4	–	–
551	2	633	1	190	1	452	2
572	1	3.978	3	1.677	2	543	2
14.884	19	14.645	13	3.071	3	–	–
4.167	8	10.903	8	925	1	210	1
41.624	79	44.899	48	16.873	22	5.390	15
42		45		17		5	

Welche konkreten Alleen sich hinter den Zahlen verbergen, ist auf der Internetseite des LANUV unter »Alleen in NRW« einsehbar. · http://alleen.naturschutzinformationen-nrw.de

Ein Blick auf die Baumartenverteilung verrät, dass fast jede zweite Allee eine sogenannte »Mischallee« ist. Damit ist gemeint, dass sie aus mindestens zwei Hauptbaumarten – meist sogar mehreren – besteht. Die klassische Allee wird aus einer Baumart gebildet, wobei einzelne Begleitgehölze unerheblich sind. Schauen wir uns hierzu die Verteilung der vorkommenden Baumarten näher an, so ist zuerst die Linde zu nennen. Sie bildet fast jede vierte Allee und ist kreisweit in allen Städten und Gemeinden vertreten. Berücksichtigt man, dass sie in vielen Mischalleen eine Hauptbaumart ist, so wird ihre Dominanz noch deutlicher. Bemerkenswert ist die geringe Zahl von Ahornalleen, wodurch die einzige alte, längere Spitzahornallee an der Stemwederbergstraße zwischen Westrup und Oppendorf noch an Wert gewinnt. Rosskastanienalleen beschränken sich auf die Zufahrtswege an Gütern (Gutsalleen). Nur sporadisch sieht man Platanenalleen. Im Altkreis Lübbecke fehlen sie vollständig. Man findet sie an einigen Stadtstraßen in Bad Oeynhausen, auf Friedhöfen und als Sonderfall in der freien Landschaft an der Mindener Straße in Petershagen. Als Raritäten kommen die Schwedische Mehlbeere, Ginkgo, Esche und Hainbuche vor. Gerade letztere Art, die nur auf dem Hiller Friedhof in Säulenform die Hauptallee bildet, trifft man beispielsweise im Nachbarkreis Lippe an zahlreichen Straßen an.

◀ Säulen-Hainbuchen auf dem Friedhof Hille

Früher häufige Alleen aus Ulme, Weide oder Pappel sind nicht mehr auffindbar. Die letzte Pappelallee verschwand an der Engershauser Straße in Preußisch Oldendorf im Februar 2005.

In Prozentzahlen ergibt sich zusammengefasst folgendes Bild:

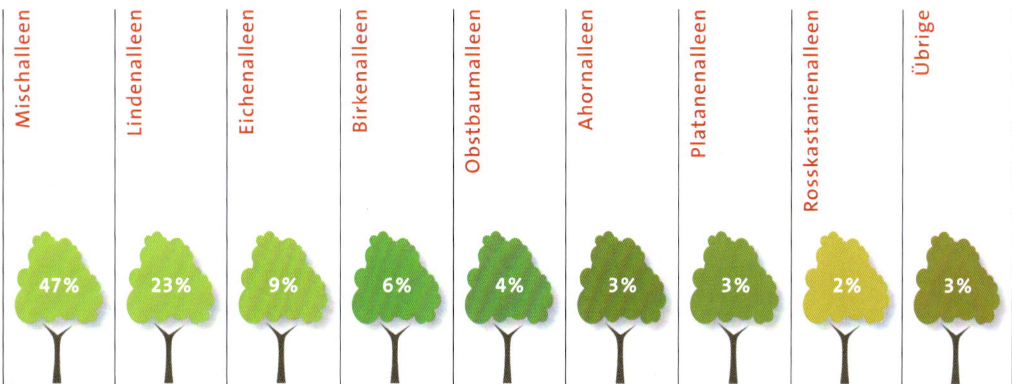

Während die Zahl der Alleen am klassifizierten Straßennetz nahezu erfasst sein dürfte, gibt es noch Lücken an Gebäudezufahrten, Wirtschaftswegen und Fußwegen. Es ist zu vermuten, dass sich die Gesamtzahl für den Kreis Minden-Lübbecke bei 200 Alleen einpendelt. Neue Meldungen nimmt das Landesamt (LANUV) nach wie vor gern entgegen. Meldebögen und Hinweise zur Erfassung sind im Internet abrufbar.
http://alleen.naturschutzinformationen-nrw.de/nav2/AlleenMelden.aspx

Kein Ersatz für Alleen …

Anhang

Anmerkungen

Kapitel 1

Alleen – eine Einführung

1 Hennebo, 1978, S. 15.
2 Wimmer, 2006, S. 14. Hier auch eine ausführliche Begriffsbestimmung.
3 Zurzeit liegt ein Gesetzentwurf der Landesregierung NRW für ein neues Denkmalschutzgesetz vor. Darin wird erstmalig in § 2 Abs. 4 der Begriff des Gartendenkmals aufgenommen. Als Schutzgegenstand sind ausdrücklich auch Alleen genannt. Damit dürfte die Bedeutung von Alleen in der Denkmalpflege weiter steigen. (Entwurf für ein neues Denkmalrecht – MHKBG NRW, Stand: 3. März 2021)

Kapitel 2

Alleen in der Kunst

1 Siehe zur ausführlichen Bildinterpretation Dorgerloh, S. 70 sowie Marowski/Buderath, 1983, S. 58.
2 Beispielsweise stellt Norbert Schindler in einer kleinen Reihe »Alleen in der Malerei«, erschienen 1997 in der Zeitschrift »Stadt und Grün«, eine andere Auswahl von Gemälden vor. Der erste Aufsatz behandelt »Van Gogh und die Allee« (Heft 6). Im zweiten mit dem Titel »Die gerade Straße« (Heft 8) geht es u. a. um Ferdinand Hodler mit seinem sehr realistischen Bild »Die Straße nach Evordes« (um 1890) oder Edvard Munch und seine »Allee im Schneegestöber« (1906). Es folgt der Aufsatz »Die bedeckte Allee« (Heft 10), u. a. mit Paul Cézanne »Allée à Chantilly« (1888) und Carl Schmidt-Rottluff »Seehofallee« (1956). Die Reihe endet mit »Berliner Alleen« (Heft 12), darunter Lovis Corinth »Berlin, Unter den Linden« (1922) und Max Liebermann »Allee im Tiergarten mit Reitern und Spaziergängern« (1917).
3 Vgl. Tartaro/Kunz, 2008, S. 16.
4 Fischer, 2006, S. 66.
5 Fischer, 2006, S. 66.
6 Duve, 2018, S. 283.
7 Duve, 2018, S. 262.
8 Stiftung 7000 Eichen; 30 Jahre Joseph Beuys, 2012, S. 7 f.
9 Taurit, 2012, S. 143.

Kapitel 3

Alleeninitiativen auf Bundesebene und in Nordrhein-Westfalen

1 Den genauen Routenverlauf der Deutschen Alleenstraße in NRW zusammen mit der Vorstellung der jeweils »schönsten Allee« aus den beteiligten Kreisen und kreisfreien Städten enthält die umfassende Publikation »Alleen in Nordrhein-Westfalen« des Ministeriums für Klimaschutz, Umwelt, Landwirtschaft, Natur- und Verbraucherschutz – Referat Öffentlichkeitsarbeit, 2016.
In einer 2. überarbeiteten Auflage hat die Arbeitsgemeinschaft Deutsche Alleenstraße e.V. 2020 das Buch »Unter Bäumen unterwegs – ein Reiseführer von Rügen bis zum Bodensee« herausgegeben, der vor allem die touristische Bedeutung der Ferienstraße hervorhebt.
2 Der BUND-MV setzt sich unter der Projektleitung von Katharina Dujesiefken nicht nur sehr engagiert für die Alleen in seinem Bundesland ein, sondern unterstützt auch die Deutsche Alleenstraße mit seinen öffentlichkeitswirksamen Radfernfahrten bundesweit. Näheres unter www.bund-mecklenburg-vorpommern.de.

Kapitel 4

Vom preußischen Chausseebau bis zu den Kreisstraßen der Gegenwart

1 Sander, 2000, S. 208.
2 Arnold, 2014, S. 204.
3 Kaspar/Korn, 1998, S. 196.
4 Wimmer, 2001.
5 Kaspar/Korn, 1998, S. 1636.
6 Albrecht, 1999, S. 279.
7 Ausführlich zur Klus: v. Schweinitz, 1999, S. 168-182.
8 Baumann/Kirsch/von Krosigk, 2000, S. 26; dort zitiert aus: Liman, 1993.
9 Ambrosius/Horn, 2014, hier auch ausführlich zu preußischen Anweisungen bez. Pappelumwandlungen.
10 Petzold, 1878, S. 5.
11 Stühmeier, 1978.
12 Sternschulte/Scholz, 1990, S. 25.
13 Landesarchiv NRW, Abt. OWL, Az. 1 Da Nr. 426 u. 428.
14 Vgl. Fröhlich, 1996, S. 38; Gomolka, 2020, S. 98; Klausmeier, 2006, S. 61; Schulz, 2006, S. 45.
15 Wähler, 1966, S. 23.

16 Quaschny, 2011, S. 105.
17 Die ehemalige Kreisstraße wurde mittlerweile hochgestuft zur L 771.
18 Kommunalarchiv Minden, KLüKA, Nr. 3224. Alle Angaben zu Baumarten und Stückzahlen sind dieser Akte entnommen.
19 Wimmer, 1997, S. 79.

Kapitel 5
Alleenporträts aus den Städten und Gemeinden des Kreises Minden-Lübbecke

Bad Oeynhausen
Alleen in der Innenstadt
1 Baehr, 1860 – 1909, S. 14.

Espelkamp
Eibentunnel Schloss Benkhausen
2 Ausführlich zur Geschichte von Schloss Benkhausen siehe: Pöppinghege, 2017.
3 Sie ist Teil der Neugestaltung der Parkanlagen, für die die L-A-E LandschaftsArchitektur Ehrig & Partner, Bielefeld, verantwortlich zeichnet. Auch die Instandsetzung des denkmalgeschützten Erbbegräbnisses an der Benkhauser Straße mit dem historischen Zugang durch eine Eibenallee ist Bestandteil der Planungen von 2014.

Minden
Eichenallee am Bierpohlweg
4 Kaspar/Korn, 1998, S. 463.
Ginkgoalleen in der Bessel- und Gutenbergstraße
5 Roloff, 2018, S. 2 ff.
Chance – Biotopverbund Kreisradweg
6 Vgl. Schütte/Schütte, 1990.

Petershagen
Schlüsselburger Lindenallee
7 »Selbst einzelne erhaltene Baumexemplare in Alleen stellen oft ein wichtiges historisches Dokument dar und bedürfen denkmalpflegerisch-konservatorischer Schutz- und Pflegemaßnahmen. Aufgrund ihres hohen Alters, ihres Wuchshabitus und ihrer erhaltenen Stammkörper enthalten sie Informationen über die unterschiedlichen Umweltbedingungen und Schnittmaßnahmen während ihres oft hundert- bis zweihundertjährigen Lebens. Diese Schnittmaßnahmen sind in den schriftlichen Quellen selten erhalten, da Baumpfleger und Baumzerstörer in früheren Zeiten ihr Tun meist nicht schriftlich belegten.« Meyer, Margita: Historische Alleen in Schleswig-Holstein – ein topografischer Überblick, S. 121. In: Lehmann/Rohde, 2006.
8 Bense, 2000, S. 39 f.
Alleen nah am Schleusenkanal Lahde
9 Das wahrscheinlich berühmteste Beispiel ist der Canal du Midi in Frankreich mit seinen langen Platanenreihen am Ufer. Der 1684 zwischen Toulouse und Narbonne fertiggestellte Kanal sollte das Mittelmeer mit dem Atlantik verbinden. Seit 1996 gehört der Canal du Midi mit seinen technischen Bauwerken und der Landschaftsgestaltung zum UNESCO Weltkulturerbe. Zur Geschichte des Kanals mit seinen Bäumen siehe: Mader, G. und Neubert-Mader, L., 1996, S. 58-61. Dort auch eine eindrucksvolle bildliche Darstellung der Platanenreihen am Kanalufer.
10 Siehe: Peters/Hoppe, 2018, S. 10.

Porta Westfalica
Obstbaumallee Möllbergen – Die Unvollendete
11 Bannier ist auch Autor der sehr informativen Broschüre »Alte Obstsorten – neu entdeckt für Westfalen und Lippe«, hg. von der Stiftung für die Natur Ravensberg und der Biol. Station Ravensberg im Kreis Herford e.V.

Preußisch Oldendorf
Lindenallee auf dem Friedhof
12 Die denkmalpflegerischen Hinweise gab mir Marcus Weiß, LWL-Denkmalpflege, Landschafts- und Baukultur, Sachgebiet Gartendenkmalpflege, per Mail vom 05.06.2020.

Rahden
Grenzwall Preußisch Ströhen
13 Vgl. Schwier, 1997, S. 51 ff.

Stemwede
Lindenkreuz auf dem Friedhof Levern
14 Jessen, 1969, S. 99.
Lindenallee Reininger Straße
15 Scholz, 2006, S. 113.
16 Zu den Alleen-Aktivitäten des NHB siehe u.a. Kraack, Nora (Bearb.) 2020.

Literaturverzeichnis

Albrecht, Thorsten: Schaumburger Gartenplaner des späten 18. und frühen 19. Jahrhunderts. In: Träume vom Paradies. Historische Parks und Gärten in Schaumburg. Hg. von Hubert Höing, 1999, S. 275-299.

Ambrosius, Sabine und Horn, Gabriele: Die Verschönerung der Landschaft durch den Chausseebau in Preußen. In: Butenschön, Sylvia (Hg.): Landesentwicklung und Gartenkultur. Arbeitshefte des Instituts für Stadt- und Regionalplanung der TU Berlin, Nr. 78 (2014), S. 127-148.

Arbeitsgemeinschaft Deutsche Alleenstraße e.V.: Unter Bäumen unterwegs. Ein Reiseführer von Rügen bis zum Bodensee. 2. überarbeitete Auflage 2020.

Arnold, Dorothea: »Glück zum preußischen Chausseebau« – zu Anlage und Bautechnik der westfälischen Kunststraßen des Freiherrn vom Stein und seines Oberwegeinspektors Steinmeister. Aachen 2014.

Baehr, Paul: Chronik von Bad Oeynhausen. Bad Oeynhausen 1909.

Bannier, Hans-Joachim: Alte Obstsorten neu entdeckt für Westfalen und Lippe. Stiftung für die Natur Ravensberg und Biologische Station Ravensberg. 2. Auflage 2006.

Baumann, Martin; Kirsch, Rolf; von Krosigk, Klaus: Alleen – Gegenstand der Denkmalpflege: Möglichkeiten ihres Schutzes, ihrer Erhaltung und Erneuerung. Ein Arbeitspapier der Arbeitsgruppe Gartendenkmalpflege der Vereinigung der Landesdenkmalpfleger in der Bundesrepublik Deutschland, 2000.

Bense, Alfons R.: Altes Storchenland an Weser, Bastau und Dümmer. Hüllhorst 2000.

Bödeker, Wagenfeld & Partner: Parkpflegewerk Kurpark Bad Oeynhausen. 1992 (unveröffentlicht).

Brunner, Michel: Alleen der Schweiz. Zürich 2017.

Bufe, Thomas: Gartenreise. Ein Führer durch Gärten und Parks in Ostwestfalen-Lippe. Münster 2000.

Dallmann, Gerhard: Lieblich-lind duften die Lindenbäume. 1000-jährige Linden in Minden-Ravensberg-Lippe. Herford-Hiddenhausen 2001.

Dorgerloh, Annette: Spielräume – Alleen in der Malerei und Grafik. In: Lehmann/Rohde, S. 70.

Duve, Karen: Fräulein Nettes kurzer Sommer. Köln 2018.

Fischer, Hubertus: Alleen literarisch – vom Barock bis zur Moderne. In: Lehmann/Rohde, S. 66.

Franzmeier, Franz W.: Das Friedhofswesen der Kapellengemeinde Barkhausen. In: Mitteilungen des Mindener Geschichtsvereins, Bd. 79. 2007, S. 161-175.

Fröhlich, Hans Joachim: Zauber der Alleen. Frankfurt am Main 1996.

Gomolka, Andreas: Maulbeer-Allee bei Zernikow. In: Andreas Roloff (Hg.): Die starken Bäume Deutschlands. Wiebelsheim 2020, S. 98.

Hennebo, Dieter: Städtische Baumpflanzungen in früherer Zeit. In: Meyer, 1978.

Historische Alleen in Schleswig-Holstein – geschützte Biotope und grüne Kulturdenkmale. Abschlusspublikation des DBU-geförderten Modellprojektes 2005-2009, Schriftenreihe LLUR SH –Natur, 15. Redaktion: Margita Meyer und Jana Hoschka.

Jessen, Karl-Heinz: Die Kirchengeschichte Leverns. In: Tausend Jahre Levern. Hg. von den Gemeinden des Amtes Levern, 1969, S. 83-138.

Jöchner, Cornelia: Peter Joseph Lenné und die Geschichte des Kurparks Bad Oeynhausen. Ausstellungskatalog Bad Oeynhausen 1989.

Kaspar, Fred und Korn, Ulf-Dieter (Bearb.): Bau- und Kunstdenkmäler von Westfalen. Bd. 50. Stadt Minden, Teil 5. Essen 1998.

Klausmeier, Axel: Vom Nutzen und der Funktionsvielfalt der Alleen. In: Lehmann/Rohde, S. 61.

Klausmeier, Fritz: Von der »Napoleonstraße« zur preußischen Staatsstraße: Der Ausbau der Straße Minden-Lübbecke-Osnabrück im 19. Jahrhundert. In: Mitteilungen des Mindener Geschichtsvereins, Jg. 44 (1972), S. 126-136.

Köster, Baldur: Bad Oeynhausen, ein Architekturmuseum des 19. Jahrhunderts. München 1985.

Kraack, Nora (Bearb.): Alleen in Niedersachsen. Erfassung – Schutz – Pflege. Ein Handbuch für Alleepaten und Baumfreunde. Schriften zur Heimatpflege – Veröffentlichungen des Niedersächsischen Heimatbundes e.V., Band 23. Holzminden 2020.

Landesgemeinschaft Naturschutz und Umwelt Nordrhein-Westfalen e.V.: Schützenswerte Alleen und Baumreihen in Nordrhein-Westfalen. Arnsberg 2004.

Lehmann, Ingo und Rohde, Michael: Alleen in Deutschland. Bedeutung, Pflege, Entwicklung. Leipzig 2006.
Lübbecker Kreisblatt, Nr. 8, 1873.
Makowski, Henry und Buderath, Bernhard: Die Natur dem Menschen untertan. Ökologie im Spiegel der Landschaftsmalerei. München 1983.
Meyer, Franz H.: Bäume in der Stadt. Stuttgart 1978.
Meyer, Margita: Historische Alleen in Schleswig-Holstein – ein topografischer Überblick. In: Lehmann/Rohde, S. 118-123.
Ministerium für Klimaschutz, Umwelt, Landwirtschaft, Natur- und Verbraucherschutz NRW: Alleen in Nordrhein-Westfalen. Düsseldorf 2017.
Momburg, Rolf: Ziegeleien überall. Hg. vom Mindener Geschichtsverein, 2000.
Niedringhaus, Günther: Wo die Nachtigallen singen! In: Die Ellerburg in Fiestel. Förderverein Ellerburg. Espelkamp-Fiestel e.V. 1990. S. 13.
Peters, Max und Hoppe, Ansgar: Alleen in Niedersachsen – Geschichte, Gefährdung und Schutz der niedersächsischen Alleen. In: Alleen Niedersachsen Spezial, hg. vom Nieders. Heimatbund, 01/2018. S. 18-26.
Petzold, Eduard: Die Anpflanzung und Behandlung von Alleebäumen. Hamburg 1878.
Pöppinghege, Rainer: Schloss Benkhausen. Mainz 2017.
Quaschny, Rico: Stadtführer Bad Oeynhausen. Geschichte im unteren Werretal, Bd. 2. Bielefeld 2011.
Rasche, Werner: Von Bäumen und Denkmälern. Unverzichtbare Kulturgüter im Mühlenkreis Minden-Lübbecke. Bielefeld 2004.
Roloff, Andreas: Porträt einer 1000-jährigen Baumart: Der Ginkgo. Pro Baum, 4/20018, S. 2-6.
Sander, Oliver: »Unternehmungen für die Ewigkeit«: Chausseebau in Preussen, insbesondere im preussischen Herzogtum Magdeburg um 1800. In: Jahrbuch für die Geschichte Mittel- und Ostdeutschlands, Bd. 46, 2000, S. 205-231.
Schütte, Ingrid und Schütte, Werner: Die Mindener Kreisbahnen. 2. Aufl., Lübbecke 1990.
Schulz, Olaf: Die schönsten Alleen in Deutschland. München 2006.
v. Schweinitz, Anna-Franziska: Die landesherrlichen Gärten in Schaumburg-Lippe von 1647 bis 1918. Grüne Reihe Bd. 20, Worms 1999. S. 168-182.
Schwier, Carsten: Herrschaft und Siedlung im Bereich Pr. Ströhen. In: Quellen und Schrifttum zur Kulturgeschichte des Wiehengebirgsraumes, Reihe A, Bd. 8. 1997, S. 51-58.
Sternschulte, Agnes und Scholz, Matthias: Obst in Westfalen. Westfälische Volkskunde in Bildern, 4. Band. Münster 1990.
Stiftung 7000 Eichen (Hg.): 30 Jahre Joseph Beuys. 7000 Eichen. Köln 2012.
Stühmeier, Wilhelm: Chronik des Dorfes Todtenhausen. Minden 1978.
Tartaro, Pierluigi und Kunz, Stefan: Bestand und Bedeutung von Alleen und Alleenlandschaften in der Schweiz. Bern 2008.
Taurit, Hans-Jürgen: Stadtverwaldung statt Stadtverwaltung. In: 30 Jahre Joseph Beuys. 7000 Eichen. Stiftung 7000 Eichen (Hg.), Köln 2012, 143 ff.
Wähler, Heinz: Festschrift 150 Jahre Landkreis Minden. Minden 1966.
Wimmer, Clemens Alexander: Geschichte der Blutbuche. In: Beiträge zur Gehölzkunde. 1997, S. 71-81.
Wimmer, Clemens Alexander: Kurze Geschichte der Säulenpappel. In: Zandera 16 (2001), S. 10-14. www.gartenbaubuecherei.de/Zandera/2001_1_wimmer_Saeulenpappel.pdf
Wimmer, Clemens Alexander: Alleen – Begriffsbestimmung, Entwicklung, Typen, Baumarten. In: Lehmann/Rohde, S. 14-23.

Dank

Während der Arbeit an diesem Buch haben mich viele Menschen unterstützt.
Ihnen allen gilt mein herzlicher Dank.

Wilhelm Aping (Westrup), Bertold von der Horst (Hedem), Christian Kemna (Fabbenstedt), Hans-Wilhelm Krause (Tonnenheide), Willi Meier (Varl), Familie Nolte (Niedermehnen), Arnulf Rolfsmeyer (Rehme), Prof. Dr. Hans Wilhelm Schürmann (Stockhausen) und Familie Wehebrink (Espelkamp) brachten mir ihre in Privateigentum stehenden Alleen in persönlichen Gesprächen und Telefonaten näher. Dafür danke ich besonders!

In den Archiven, die ich für meine Recherchen aufgesucht habe, fand ich große Unterstützung. Vor allem Christel Droste (Lübbecke), Stefanie Hillebrand (Bad Oeynhausen), Ulrich Mentemeier (Rahden) sowie Dr. Monika M. Schulte und Nadja Töws (Minden) gilt mein Dank.

Wichtige Ansprechpartner waren die aktiven und früheren Stadt- und Ortsheimatpfleger Claus-Dieter Brüning (Rahden), Karl Heinz Drees (Meißen), Jürgen Hannemann (Schlüsselburg), Friedrich Helmig (Bad Holzhausen), Günther Niedringhaus † (Lübbecke) und Reinhard Stevener (Varl) sowie die Ortsvorsteher Heinrich Schröder (ehemalig, Wasserstraße) und Walter Piepenbrink (Todtenhausen).

Viele Gespräche führte ich mit den Experten aus den Grünflächenämtern und Baubetrieben Josef Brinker und Eckhard Nolting (Bad Oeynhausen), Dagmar Meinert und Helmut Spilker (Hille), Armin Feiler (Lübbecke), Christine Krumme, Jürgen Meyer und Alwin Pamin (Minden), Harald Bloem (Minden-Kreis), Ralf Niemann (Petershagen), Michael Reimann und Marco Sundermeier (Preußisch Oldendorf) und Ulrich Pöppelmeier (Rahden).

Außerdem unterstützten mich maßgeblich Uwe Siekmann und Marcus Weiß (LWL-Münster), Dieter Bommel (Denkmalpflege Minden), Christine Schneider (Umwelt- und Gartenamt Kassel), Thomas Priemer (Flurbereinigungsarchiv Bez.-Reg. Münster), Norbert Schmelz und Markus Uhr (Wald und Holz NRW), Claus Rippe und Georg Vullriede (Straßen NRW), Uwe Rode (WSA-Windheim), Jutta Bergmann (Kreis Herford), Jörg Westphal (Kreis Lippe) sowie meine ehemaligen Kolleginnen Dagmar Diesing, Stefanie Tilg und Ulrike Miess, von der ich in der mehrjährigen Bearbeitungszeit besonders tatkräftige Hilfe erfuhr.

Die vollständige Geschichte der Platanenallee in Petershagen verdanke ich Dietmar Bach, Jens Müller und Alfred Raschke.

Wertvolle Hinweise und Material über den Friedhof Levern gaben mir Pfarrer Thomas Horst und Fritz Thoms-Meyer.

Aus dem ehrenamtlichen Naturschutz unterstützten mich Winrich Dodenhöft, Holger Hansing, Lothar Meckling und Dr. Inge Uetrecht.

Dank meines ehemaligen Kollegen Helmut Altvater konnte ich ein historisches Foto einer Obstbaumallee in Todtenhausen mit aufnehmen.

Für interessante Gespräche bedanke ich mich bei den Alleenexpertinnen Katharina Dujesiefken (BUND M-V, Schwerin) und Nora Kraack (NHB Hannover).

Sehr unterstützten mich Carsten Reuß (LWL-Preußenmuseum Minden) und David Riedel (Böckstiegel Museum Werther).

Dr. Klaus Stroscher (LANUV NRW) danke ich für wichtige Hinweise und umfangreiche statistische Angaben, die mir eine Auswertung der Alleendaten auf Kreisebene ermöglichten.

Dr. Margita Meyer (Landesamt für Denkmalpflege, Kiel) übernahm die Durchsicht des Kapitels 4 und gab mir wertvolle Hinweise. Ganz herzlichen Dank!

Ein großes Dankeschön gilt meiner Lektorin Iris Raabe. Sie hat mich über die Korrekturen hinaus mit viel Zuspruch bei der Entstehung des Buches begleitet. Ihre Geduld und Hilfsbereitschaft taten gut.

Die Buchgestaltung lag in den Händen von Josef Peters, der das Thema kompetent und einfühlsam in eine ansprechende Form brachte. Der Gedankenaustausch mit ihm war stets von gegenseitigem Vertrauen getragen.

Mit dem Verlag Jörg Mitzkat, dem das Thema Alleen bestens vertraut ist, fand ich den passenden Partner.

Das Kataster- und Vermessungsamt unterstützte mich bei der Gestaltung der Übersichtskarte.

Aus meinem persönlichen Umfeld danke ich Annegret und Robert Credo, Hans-Gerhard Geissler, Marianne Heinke, Peter und Renate Kortmann, Rainer Meier, Sabine Meyer, Dagmar Mühlmeister und Kerstin Schwarze für Hinweise, Gespräche und praktische Unterstützung.

Mein größter Dank aber geht an meine Ehefrau Vera. Ich hätte das Buch ohne sie nicht schreiben können.

Für ergänzende Fotos bedanke ich mich bei Thomas Baumgarten, Karin Bohrer, Marie-Luise Bügener-Meier, Robert Credo, Karin Jakob, Lothar Meckling, Josef Peters, Dr. Max Peters und Jörg Westphal sowie beim Kreis Herford und dem Umwelt- und Gartenamt der Stadt Kassel.

Soweit nicht anders angegeben, stammen die Fotos vom Autor.

Die örtliche Inaugenscheinnahme der Alleen mit Fotodokumentation fand in den Jahren 2018 bis 2020 statt.

Übersichtskarte

Bad Oeynhausen
1 Deesberger Allee
2 Kurpark
3 Park der magischen Wasser
4 Sielallee und Lindenallee an der Sielstraße
5 Alleen in der Innenstadt

Espelkamp
6 Ellerburger Allee
7 Eibentunnel Schloss Benkhausen
8 Eichenallee Kemna
9 Lindenallee Hof Wehebrink

Hille
10 Obstbaumallee am Windmühlenweg
11 Die B65 – eine überörtliche Alleenstraße
12 Lindenallee im Gewerbepark Hartum Ost

Hüllhorst
13 Ulenburger Allee
14 Mischallee an der Großenberkener Straße
15 Birnenallee in Oberbauerschaft – ein Vorschlag

Lübbecke
16 Kastanien- und Kirschenallee am Gut Stockhausen
17 Renkhauser Allee
18 Obstbaumallee an der Aspeler Straße
19 Obernfelder Allee
20 Städtischer Friedhof

Minden
21 Obstbaumallee an der Meißener Dorfstraße
22 Birnbaumallee an der Düpestraße
23 Alleen auf dem Nordfriedhof und im Botanischen Garten
24 Eichenallee am Bierpohlweg
25 Ginkgoalleen in der Bessel- und Gutenbergstraße
26 Linden-Baumhasel-Alleen an Fasanenstraße und Rintelner Straße
27 Lindenallee Graßhoffstraße
28 Chance – Biotopverbund Kreisradweg

Petershagen
29 Wildbirnenallee zwischen Hävern und Großenheerse
30 Schlüsselburger Lindenallee
31 Eichenallee Bollheide
32 Platanenallee zwischen Heisterholz und Petershagen
33 Alleen nah am Schleusenkanal Lahde

Porta Westfalica
34 Lindenallee auf dem Friedhof Barkhausen
35 Porta-Allee
36 Obstbaumallee Möllbergen – Die Unvollendete

© Kreis Minden-Lübbecke, Kataster- und Vermessungsamt, 2021

Rahden

42 Birkenalleen in Tonnenheide, Kleinendorf und Varl
43 Bocks Allee
44 Grenzwall Preußisch Ströhen
45 Eichenallee am Varler Schulweg
46 Alleenensemble Weddingfeld
47 Lindenallee an der Varlheider Straße

Preußisch Oldendorf

37 Kastanienallee am Gut Hollwinkel
38 Lindenallee auf dem Friedhof
39 Alleen in Bad Holzhausen
40 Linden-Ahorn-Allee an der K80 zwischen Offelten und Hedem
41 Lindenallee »Am Schierfeld«

Stemwede

48 Badeallee Levern
49 Lindenkreuz auf dem Friedhof Levern
50 Hofallee Nolte
51 Apings Obstbaumallee
52 Waldallee Döpkerott
53 Ahornallee an der Stemwederberg-Straße
54 Lindenallee Reininger Straße

Michael Geissler, geboren 1953 in Rinteln an der Weser, studierte Landespflege in Berlin und Hannover. Nach seinem Referendariat bei der Bezirksregierung Hannover ging er zum Kreis Minden-Lübbecke. Dort leitete er 32 Jahre bis zu seiner Pensionierung die untere Naturschutzbehörde. Zuletzt initiierte er das Filmprojekt »Natur und Landschaft an der Porta Westfalica«, das er auch redaktionell begleitete. Der vom LWL-Medienzentrum für Westfalen herausgegebene Film erschien 2018 als DVD mit Begleitheft.

Bibliografische Information der deutschen Nationalbibliothek

Die Deutsche Nationalbibliothek verzeichnet diese Publikation in der Deutschen Nationalbibliografie; detaillierte bibliografische Daten sind im Internet über http://dnb.d-nb.de abrufbar.

ISBN 978-3-95954-112-1

Verlag Jörg Mitzkat, Holzminden 2021

Gestaltung: Josef Peters, Bad Lippspringe

Lektorat: Iris Raabe, Stadthagen

Printed in Germany